Ulla Klopp
Dietmar Brück

Tom und der Zauberfußball

Ulla Klopp
Dietmar Brück

Tom und der Zauberfußball

Mit Illustrationen von
Iris Hardt

HERDER

FREIBURG · BASEL · WIEN

© Verlag Herder GmbH, Freiburg im Breisgau 2008
Alle Rechte vorbehalten
www.herder.de

Illustration Weltkarte: Bernadette Trost
Einbandgestaltung: Weiß, Freiburg, Graphik & Buchgestaltung
Satz und Layout: Barbara Herrmann, Freiburg
Herstellung: fgb · freiburger graphische betriebe 2008
www.fgb.de
Printed in Germany

ISBN 978-3-451-70871-8

Ulla Klopp widmet das Buch

Dennis, Marc, Jürgen
und Johnny

Dietmar Brück widmet das Buch

seinen Patenkindern Marie, Yannik und Pascal,
seinen Erstlesern Paul und Magda
sowie Louisa und den Monrealer Soccer Babes

Grußwort des Präsidenten des Deutschen Fußballbundes

„Tom und der Zauberfußball" ist ein wunderschönes Buch, in dessen Mittelpunkt die Kinder der Welt und der Ball stehen. Es wird für alle Beteiligten sehr deutlich, dass der Fußball weltumspannend ist, auf Leistungs- und Einsatzwillen beruht und deshalb sehr stark dazu beitragen kann, Menschen in völlig unterschiedlichen Lebenssituationen miteinander zu verbinden.

Wer dieses Buch liest, ob als Kind oder Erwachsener, spürt die Kraft des Fußballspiels. Die Autoren verstehen es in wunderbarer Weise darzustellen, wie der Fußball Kindern helfen kann, zu ihren eigenen Stärken zu finden.

Dr. Theo Zwanziger
DFB-Präsident

Vorwort von Jürgen Klopp

Hallo Kinder,
herzlich willkommen in meiner Welt:
Und das sind Fußballspielen und Bücherlesen.
Ich bin mittlerweile schon 40 Jahre alt und kann das selbst kaum glauben.

Und wenn ich darüber nachdenke, was mich die vergangenen 40 Jahre am meisten interessiert hat, dann sind das Fußball und Bücher.

Fußball, weil schon ein Tor in unserem Wohnzimmer stand, als ich gerade mal zwei Jahre alt war.

Und Bücher, weil ich schon immer gern geträumt habe.
Ich habe früher auch sehr gerne ferngesehen.

Aber als ich so alt war wie du, gab es nur drei Programme. Ja, du liest richtig, nur drei Programme. Und die besten Filme liefen immer dann, wenn ich schon im Bett lag.

Nachmittags war ich natürlich draußen und habe mit meinen Freunden Fußball gespielt, aber an Schlechtwetter- oder an Sonntagen gab es für mich nichts Schöneres, als mich mit einem spannenden Buch in mein Zimmer zurück-zuziehen und ganz tief in eine neue Welt einzutauchen. Meistens hatte es mir eine Figur aus dem Buch besonders angetan und plötzlich war ich selbst diese Figur. So habe ich als Geheimagent Lennet furchtlos für Recht und Ordnung gesorgt. Als Tommy der Mittelstürmer war ich ein Ausnahmetalent in einem Bundesligaverein. Als Lukas der Lokomotivführer besiegte ich die wilde 13. Und im Internat auf Schloss Schreckenstein habe ich Tag und Nacht mit meinen Freunden zusammengewohnt.

Vielleicht lachst du jetzt und denkst: Der spinnt ja. Aber erstens: Kann sein. Und zweitens ist es genau das, was Lesen so unfassbar schön macht.

Beim Lesen sind unserer Fantasie keine Grenzen gesetzt. Ich kann sein, wer ich will. Und du kannst sein, wer und was du willst. Und niemand kann uns sagen, dass wir das nicht dürfen.

In diesem Buch wirst du ganz viele tolle Jungs und fantastische Mädchen kennenlernen. Und vielleicht möchtest du ja sein wie der eine oder die andere von ihnen.

Also lass deiner Fantasie freien Lauf. Begib dich gemeinsam mit Tom und dem Zauberball auf eine Reise in ferne Länder. Erlebe all die kleinen und großen Abenteuer.

Begleite deine neuen Freunde dabei, wie sich ihr Leben auf großartige Weise verändert.

Vielleicht treffen wir uns irgendwann einmal und reden über unsere eigene kleine Geschichte.

Oder unsere Träume.

Manchmal werden sie wahr.

Und ganz bestimmt auch deiner.

Euer Kloppo

Jürgen Klopp hat viele seiner Träume wahr gemacht. Er hat als Fußballprofi 325 Mal gespielt und 52 Tore geschossen. 2001 wurde er bei Mainz 05 über Nacht vom Spieler zum Trainer. Und drei Jahre später schrieb Kloppo mit seinen Mainzern Geschichte. Der Verein schaffte den Aufstieg in die erste Bundesliga.

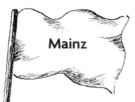

Mainz — Tom spielt auf dem Dachboden – und hört ein seltsames Geräusch

„… 54, 74, 90, 2010 … ja so stimmen wir alle ein, mit dem Herz in der Hand und der Leidenschaft im Bein, werden wir Weltmeister sein …"

Tom grölte den Kultsong der Weltmeisterschaft in Deutschland laut vor sich hin und wirbelte mit seiner Luftgitarre durchs Zimmer. Er schüttelte seine blonden Haare, wie er es bei den Rockstars der „Sportfreunde Stiller" gesehen hatte. Mit einem Ruck winkelte er sein rechtes Bein an, dass sein Knie fast die schweißnasse Stirn berührte. Schließlich ließ er sich auf die Knie fallen und tat, als würde er seine Gitarre auf dem Boden zertrümmern.

Erschöpft, aber glücklich zog Tom sich sein Miro-Klose-Trikot über. Dann nahm er ein langes Lineal vom Schreibtisch, das sich in seiner Hand in ein Mikrofon verwandelte, und fing an, sich seiner zweitliebsten Beschäftigung hinzugeben. Jetzt war er kein Musiker mehr, sondern Fußballkommentator.

Tom war wieder mal voll im Fußball-Fieber. Er flitzte aus seinem Zimmer im zweiten Stock, zog die Schiebeleiter herunter und kletterte geschwind auf den Dachboden. Bereits auf dem Weg nach oben fing er an zu kommentieren wie ein Profi: „Wien, 11:11 Uhr, kurz vor Spielende. Im ausverkauften Stadion stehen sich Deutschland und Italien gegenüber. Im Finale der Europameisterschaft steht es 1:1. Nur noch eine Minute zu spielen. Der deutsche Nationaltrainer zieht seinen größten Joker. Er flüstert dem elfjährigen Supertalent Tom letzte Anweisungen für seinen Einsatz im wichtigsten Spiel seines Lebens ins Ohr."

Tom war mittlerweile auf dem Speicher angekommen. Er stürmte in sein selbst gebautes Stadion unter dem Dach und sprach wie im Rausch weiter: „Spielerwechsel. Unruhig wartet Tom auf der Seitenlinie auf Miro Klose. Für ihn soll er kommen. Die beiden umarmen sich. Miro raunt Tom zu: ‚Hol den Pott für uns'. Ein Griff ins Gras und los geht's. Tom rast nach vorne ins Sturmzentrum, Einwurf Deutschland. Poldi auf Ballack, Ballack auf Schweini, Schweini auf Borowski, Borowski auf Poldi, Flanke von rechts. Volleyabnahme Tom, Tooooooooooor. Tooooooooooooooooor. Tooooooooooooooooooor.

Sekunden später der Schlusspfiff. Deutschland hat den Pott geholt. Deutschland ist Europameister. Jaaaaaaaaaaaaaaaaa!"

Solche Anfälle hatte Tom öfter.

Er liebte diese Träumereien.

Vor seinen Augen verwandelte sich das Mikrofon zurück in ein Lineal und statt in Wien war er wieder in Mainz – in seinem kleinen Reich auf dem Dachboden seines Elternhauses. Hier oben vergaß Tom fast vollständig, dass er nicht besonders gut kicken konnte. Zumindest nicht, wenn ihm jemand zuschaute.

Es war wie verhext.

Auf dem Platz verließ ihn jeglicher Mut. Seine Hände wurden feucht, seine Beine fingen an zu zittern und er fiel und stolperte eher über den Ball, als dass er ihn auch nur annähernd Richtung Tor brachte. Seine Pässe landeten fast immer beim Gegner oder in den Feldern und Büschen abseits des Spielfeldes.

Im Sportunterricht wurde er oft als Letzter gewählt und wenn es ganz übel kam, dann sagte Julian, das größte Sportass der Klasse, so schlimme Sachen wie: „Okay, wir nehmen Paule, dafür bekommt ihr Tom, Malte und Anni."

Eine größere Demütigung gab es nicht. Er wurde mit dem unsportlichsten Jungen auf diesem Planeten und mit einem Mädchen auf eine Stufe gestellt.

„Schlimmer geht's nimmer", hatte sein bester Freund Salvatore, der coolste Sprüche-Klopfer aller Zeiten, in solchen Momenten achselzuckend gesagt.

Jetzt, nachdem Salvatore mit seinen Eltern nach Italien gezogen war, verbrachte Tom fast seine gesamte Freizeit auf dem Dachboden in der Mainzer Oberstadt. Seine Eltern, die Beckers, besaßen eine mit Efeu bewachsene Villa im Grünstreifen der Rheinstadt. Sie war ein alter Familienbesitz.

Tom ließ sich auf einen Berg von Kissen fallen und sah sich um. Sein kleines Stadion war die Wucht. Toms Vater hatte ihm eine zwei Meter hohe Trennwand samt Tür gebaut, die die Fußballarena vom größeren Rest des Speichers abtrennte. Zusammen mit der östlichen Hausmauer war so ein kleiner, halbrunder Platz unter dem Giebel entstanden. Tom hatte ihn „Toms Stadion" getauft und den Namen auf ein Pappschild gepinselt.

Für die Einrichtung hatte er selbst gesorgt. Den Boden bedeckte ein alter grüner Teppich. An dessen schmalen Enden standen zwei – ein Meter auf achtzig Zentimeter große – Tore, die einst sein verstorbener Großvater zusammengenagelt hatte. Ein alter Lampenschirm auf einem Stuhl diente als Flutlichtmast. Als Zeitanzeige benutzte Tom eine kaputte Standuhr. Die unverputzte Mauer und die Trennwand aus Sperrholz waren kaum mehr zu erkennen. Sie wurden von Schals, Fahnen und Postern großer und kleiner Fußballvereine bedeckt: Mainz 05, Eintracht Frankfurt, TUS Koblenz, 1. FC Kaiserslautern, Werder Bremen, Schalke 04, Bayern München und alles, was sonst noch um Punkte und Tore kämpfte.

Dieser Ort war einfach himmlisch. Tom schloss die Augen und träumte.

Er sah sich gerade wieder als Fußballstar durch die Arena stürmen, da hörte er etwas.

Ein seltsames Geräusch.

Wumm. Wumm. Wumm.

Irgendwo bewegte sich was. Da war es wieder. Ein gleichmäßiges, leises Wumm-Wumm-Wumm.

Was konnte das bloß sein? Das seltsame Geräusch setzte aus, begann erneut.

Wumm. Wumm. Wumm.

Tom kannte jeden noch so kleinen Winkel auf dem riesigen Dachboden. Hier oben war seine geheime Stadt, wie er sein Fantasie-Reich nannte. Er hatte sich zwischen dem Gerümpel, alten Schränken und Krimskrams, Unmengen von Büchern und der kaputten Standuhr eine verwinkelte Abenteuerwelt aufgebaut. Neben seinem Stadion war der zweitgrößte Raum sein Meisterzimmer, in dem all die Fußballpokale seines verstorbenen Großvaters funkelten.

Tom lauschte. Das Geräusch schien verschwunden.

„Komisch", dachte er. „Bestimmt ist nur irgendwo etwas heruntergefallen."

Seine Gedanken drifteten davon. Opa war ein brillanter Fußballer gewesen. Seine Eltern sagten oft zu Tom, wenn er mit hängenden Schultern nach Hause kam, weil er wieder mal nur für zehn Minuten eingewechselt worden war und nichts gerissen hatte: „Ach Junge, dein Opa hatte so viel Kickerblut in den Adern. Du hast ganz bestimmt was von seinem Talent geerbt. Du musst nur daran glauben."

„Erwachsenen-Sprüche", dachte Tom, „davon spiele ich auch nicht besser." Doch egal wie niederschmetternd eine Niederlage auch gewesen sein mochte, schon am nächsten Morgen war Tom wieder voller Hoffnung, irgendwann doch noch ein ganz Großer auf dem Platz zu werden.

Ein ganz großer Fan war Tom jetzt schon.

Wenn Spiele der Nationalmannschaft übertragen wurden, schlief Tom sogar in seinem Klose-Trikot und zog es unter Protest allerhöchstens zum Duschen aus.

Ja, und dann gab es da natürlich noch die 05er, seinen Heimatverein. Schaffte er es ausnahmsweise, ein Heimspiel mitzuerleben, war das so schön wie Weihnachten und sein Geburtstag zusammen. Die Mainzer Profis waren klasse, die Nationalspieler Weltklasse. Aber von einem andern Stern schienen die Brasilianer zu sein. Tom kam aus dem Staunen nicht heraus, wenn er sah, wie sie mit dem Ball jonglierten und dabei ihre Körper so geschmeidig wie Katzen bewegten.

Für Tom war das Magie.

„Ich wünschte, ich könnte das auch", dachte er. „Dann würden mich die anderen auf Händen tragen und ich hätte wunde Finger vom Autogrammeschreiben. Aber bei mir wirkt alles, als wäre ich ein falsch zusammengeschraubter Roboter. Der rechte Fuß weiß nicht, was der linke tut", seufzte Tom.

Jedenfalls war es meistens so. Nur wenn er ausnahmsweise keinen Gedanken daran verschwendete, wie schlecht er im Vergleich zu all den Fußballgöttern auf seinen Postern war, spielte er auf einmal ganz anders, ziemlich gut sogar.

„Das kommt leider so gut wie nie vor", dachte Tom.

Wumm. Wumm. Wumm.

Da war das Geräusch wieder. Tom horchte auf. Die Quelle musste hier irgendwo auf dem Dachboden sein. Die Zeiger seiner Armbanduhr standen auf 20 Uhr. Mutter bügelte und Vater bastelte in seiner Werkstatt herum. Und sonst lebte niemand in der Villa. Tom hatte keine Geschwister.

„Vielleicht haben sich meine Eltern ja heimlich zum Kopfballtraining verabredet", grinste er vor sich hin, obwohl ihm das alles nicht ganz geheuer war.

Seine Eltern und Fußball. Zwei Welten trafen aufeinander. Obwohl Toms Vater früher mal bei einem kleinen Dorfverein in der Eifel als Linksaußen gestürmt hatte, war ihm heute jeder Ballsport schnuppe. Er segelte lieber auf dem Rhein. Und seine Mutter hielt ein Tor wahrscheinlich für einen Wäscheständer. Doch Tom nahm seinen Eltern ihr Desinteresse nicht übel. Dafür hatte er sie viel zu gern.

Wumm. Wumm. Wumm.

Der rätselhafte Radau wurde immer lauter. Jetzt klang er schon nach einer halben Fußballmannschaft.

Tom kämpfte sein mulmiges Gefühl nieder und verließ seine Kissenburg. Vorsichtig öffnete er die Tür in der Sperrholzwand. Dahinter lag der größte Teil seiner geheimen Stadt. Es war stockfinster.

Wumm. Wumm. Wumm.

Jetzt klang das Geräusch wie ein Hopsen.

„Das muss ein Tier sein", überlegte Tom. Aber welches Tier machte derart abenteuerliche Geräusche?

Tom lief ein Schauer über den Rücken. Er lauschte in die Düsternis.

Wumm. Wumm. Wumm.

Hier gab es nur das Licht, das von seinem Stadion herüberschimmerte. Das komische Hopsen schien vom westlichen Ende des Speichers zu kommen. Tom angelte nach seiner Taschenlampe, die er hinter der Tür deponiert hatte. Er leuchtete in den Tunnel, der vor ihm lag und dessen Wände aus zerlesenen Buchbänden bestanden.

Seine Eltern waren echte Bücherwürmer.

Der Tunnel mündete in einen kleinen Raum, den er aus Schrankwänden und zwei alten Regenschirmen, die als Dach dienten, konstruiert hatte. Um das Licht ein wenig zu dämpfen, schob er die Taschenlampe unter sein Trikot.

Leise und vorsichtig schlich Tom weiter. Vor ihm lag sein Brasilien-Zimmer. Es bestand aus aufeinandergetürmten Pappkartons, die von einer gelb-grünen Brasilien-Flagge überspannt wurden. Überall hingen Poster von brasilianischen Fußballspielern.

Der Junge inspizierte im Lichtkegel seiner Lampe jeden Winkel. Er sah nichts, aber auch gar nichts Verdächtiges. Doch langsam kam er der Geräuschquelle näher.

Wumm. Wumm. Wumm.

Tom bog in einen weiteren Tunnel ein. Der würde sich zu dem Meisterzimmer öffnen, nahezu am anderen Ende des Speichers. Dort war er oft mit seinen besten Freunden, Salvatore und Winston, gewesen und hatte Großvaters blitzende Trophäen bestaunt. Jetzt hätte er seine Freunde gut brauchen können. Doch nicht nur Salvatore, sondern auch Winston war mittlerweile unerreichbar weit weg. Winston lebte in England. Toms Freunde waren vor knapp einem Jahr fast zeitgleich weggezogen.

„Ich muss hier allein durch", dachte der Junge und wurde kurz traurig, dass die beiden ihn verlassen hatten.

Dann konzentrierte er sich wieder auf das Geräusch, das nun ganz nah war.

Ob sich das hopsende Etwas Opas Pokale ansah?

Tom ging vorsichtig weiter. Kein Zweifel, der Eindringling hatte sich im geräumigen Meisterzimmer breitgemacht. Tom bekam feuchte Hände. Instinktiv knipste er die Taschenlampe aus, während er seinen Blick über die Pokale schweifen ließ. Einige von ihnen funkelten im Abendlicht, das durch ein winziges Dachfenster einfiel.

Alles war voller Schatten und Schemen. Dann sah er es.

Mainz   Tom macht die Entdeckung seines Lebens

Tom traute seinen Augen nicht. Sein Herz begann wie wild zu klopfen. Er kniff sich fest in die Wange und zwickte sich zur Sicherheit auch noch in den Arm. Aber er hatte sich nicht getäuscht. Da vorne tanzte etwas. Er konnte nicht genau erkennen, was es war. Tom konnte nur sehen, dass es seine Farbe änderte, mal gelb aufleuchtete, dann wieder blau und grün.

Der Junge duckte sich hinter einen Pappkarton. Im gleichen Augenblick kam etwas in einem Affenzahn auf ihn zugesprungen und landete krachend in den Kartons. Tom war sich sicher, hier musste es sich um ein Monster handeln, das ihn im nächsten Moment auffressen würde. Er konnte sich kaum rühren vor Schreck. Hatte seine letzte Stunde geschlagen?

Doch Tom war niemand, der sich in seinen eigenen vier Wänden so leicht in die Flucht schlagen ließ. Er rappelte sich auf. Bei seiner letzten Schlacht wollte er dem Angreifer ins Auge blicken.

Da entfernte sich das Ding ebenso schnell, wie es gekommen war – es flitzte durch einen der Tunnel in Richtung Stadion. Im Bruchteil einer Sekunde drehte sich Tom um und flitzte hinter dem Flüchtenden her. Eine wilde Jagd begann.

„Na warte, dich krieg ich", rief er aus. Auch, um sich selbst Mut zu machen.

Sein Stadion war ihm heilig, da verstand er keinen Spaß. Er würde es bis zur letzten Sekunde verteidigen.

18

Das komische Ding war rasend schnell. Aus den Augenwinkeln sah Tom, wie es die Trennwand zum Stadion mühelos übersprang. Keuchend erreichte er die Tür und stieß sie mit einem Schwung auf.

„Lieber ein Ende mit Schrecken als ein Schrecken ohne Ende. Noch so ein schlauer Spruch von Salvatore", redete er mit sich selbst und preschte vor in sein Stadion, um im nächsten Moment zu erstarren.

„Das gibt's doch nicht."

Tom riss die Augen auf. Was er sah, war vollkommen irre.

Der seltsame Eindringling hüpfte auf seinem Fußballfeld herum, als wäre es das Selbstverständlichste auf der Welt. Tom hätte am liebsten laut aufgeschrien, so unheimlich war das. Doch zugleich spürte er, dass er keine Angst haben musste. Das hier war kein Monster, das ihn durch sein Höhlensystem jagen würde. Bei dem eben noch furchterregenden Ding handelte es sich schlicht und ergreifend um einen ziemlich durchgedrehten Lederball.

Tom lachte laut auf.

„Ich glaub, ich spinne!"

Ihn packte die Neugierde. Er tastete sich langsam zum Stuhl vor und schaltete sein Flutlicht an. Jetzt war es taghell, da blieb kein Raum für Zweifel. Was er zu sehen bekam, war kaum zu glauben. Vor ihm sprang der Ball auf und ab wie ein Hund, der bei seinem Herrchen einen Knochen vermutete.

„Au Backe, kennen wir uns etwa?", fragte Tom.

Seine Angst hatte sich in nichts aufgelöst. Tom nahm den Ball, der sich problemlos fangen ließ. In Toms Händen fühlte er sich wie ein ganz normaler, aber ziemlich alter Fußball an. Mit ihm mussten schon Generationen von Kickern gespielt haben, so abgenutzt sah er aus. Die Außenhülle aus Leder war braun und wies Schrammen und Grasflecken auf. Die Nähte an den Waben hielten noch, wirkten aber ein wenig ausgefranst. Tom strich behutsam über die raue Oberfläche und roch an dem alten Leder.

Der geheimnisvolle Ledergeselle kam Tom wie ein Freund vor, obwohl ihm natürlich klar war, dass Bälle keine Lebewesen sein können, nicht denken und fühlen und einem echten Kicker einen gehörigen Tritt nicht übel nehmen, was bei Menschen böse ins Auge gehen konnte.

Aber dieser Ball war kein normaler Ball. Vielleicht war er ein Zauberwesen.

„Und mit mir geht die Fantasie durch", dachte Tom. „Und doch …", redete der Junge selbstvergessen weiter. „Er bewegt sich von alleine. Er hat mein geheimes Stadion entdeckt. Er …"

Tom dachte nach. Ihm lag etwas auf der Zunge. Er musterte den Ball noch einmal, drehte ihn in den Händen herum.

„Er lebt … irgendwie", sprach er vor sich hin.

Er hatte fast Hemmungen, ihn mit dem Fuß zu berühren. Trotzdem wagte Tom es.

Da ereignete sich das nächste Wunder. Mit diesem Ball am Fuß kam er sich gar nicht mehr wie ein kaputter Roboter vor, der komisch rumzappelte. Mit diesem Ball fühlte er sich wie ein brasilianischer Fußballspieler.

„Wow", dachte Tom, „ist das cool."

20

Er schoss den Ball ein paar Mal mit dem rechten Fuß in die Höhe und fing ihn elegant auf, federte ihn ab und ließ ihn auf dem Spann ruhen. Dann nahm er ihn wieder hoch, wechselte das Bein, kickte ihn zum Giebel und ließ den Ball anschließend auf der Stirn tanzen. Und alles war auf einmal ganz leicht, geschah wie von selbst, als hätte Tom eine magische Formel gefunden, die ihn innerhalb von Sekunden in einen Ballakrobaten verwandelte.

„Bin ich das überhaupt?", dachte Tom und zwickte sich. Er schloss kurz die Augen und öffnete sie wieder. Nein, er träumte nicht. Der Ball schmiegte sich regelrecht an Toms Fuß. Die Lederkugel kam ihm wie ein Teil seines Körpers vor, der seine Bewegungen erahnte, bevor er sie ausführte. Dieser Ball war ein Geschenk des Himmels.

Das alles war nicht zu fassen. Tom hatte keine Ahnung, wie sein neuer Freund in seine Fußball-Stadt unterm Dach gekommen war. Alle Fenster waren verschlossen. Das Dach hatte keine Löcher. So sehr er auch nachdachte, Tom konnte dieses Geheimnis nicht lüften.

„Hauptsache, ich habe dich gefunden", dachte er.

Tom drückte den Ball einfach nur glücklich an sich.

Wieder in seinem Zimmer, zwei Etagen tiefer, versteckte er seinen kleinen Freund in der alten Truhe, in der er seine wertvollsten Schätze aufbewahrte, darunter ein Trikot seines Großvaters. Dann legte er sich – erschöpft von all der Aufregung – aufs Bett.

„Erst Rockmusiker, dann Europameister. Und jetzt einen Zauberball als Freund. Was für ein cooler Abend. Das glaubt mir keiner", dachte Tom in bester Laune.

Er kniff sich noch einmal in die Wange. Eigentlich wollte er sich auch noch in den Arm zwicken, aber da war er schon eingeschlafen. Er hörte nicht mehr, dass der Ball in der Kiste noch ein paar Mal fröhlich vor sich hin hopste und dann endlich Ruhe gab.

Mainz

Tom entdeckt, dass der Ball viele Geheimnisse hat

Es war an einem Morgen im August, als Tom eine Stunde früher als gewöhnlich aufwachte. Der Wecker auf dem Nachttisch zeigte 6 Uhr an. Draußen war es stockdunkel. Erst in einer Stunde würde der Wecker rappeln. Tom war hundemüde, morgens döste er auch nach weniger aufregenden Nächten meistens so lange, bis seine Mutter ihn zum dritten Mal rief. Sie hatte wirklich eine Engelsgeduld mit ihm. Für Tom war sie einfach die beste Mutter auf der Welt, und das, obwohl sie Fußballschuhe nicht von Wanderschuhen unterscheiden konnte.

Tom knipste das Licht an. Mit halb geschlossenen Augen tappte er auf seine Schatzkiste zu.

„Hoffentlich habe ich nicht alles nur geträumt", dachte er. Aufgeregt wuchtete er den schweren Holzdeckel hoch. Gott sei Dank. Der Ball war noch da.

„Was für ein Hammer", entfuhr es Tom.

Er hob seinen neuen Spielgefährten ehrfürchtig aus der

Kiste, machte das Licht aus und legte die Lederkugel auf die Bettdecke. In diesem Moment hätte er nirgendwo sonst auf der Welt sein wollen. Er hatte einfach nur Spaß, im Dunkeln die Umrisse seines unglaublichen Fundes zu betrachten.

Dann geschah etwas vollkommen Seltsames. Tom nahm ein unerklärliches Leuchten wahr.

„Da brennt ein Feuer oder eine Lampe im Innern des Balles", erschrak Tom und erinnerte sich an das eigentümliche Farbenspiel auf dem Dachboden.

Der helle Fleck an der Oberfläche des Balles wanderte, dann verharrte er an einer bestimmten Stelle. Tom sträubten sich die Nackenhaare. Aber er war viel zu fasziniert, um wirklich Angst zu haben.

Was ging hier vor? Die Oberfläche des Fußballs veränderte sich noch immer. Aus dem Leuchten formten sich jetzt Buchstaben.

„Spinn ich?", fragte Tom sich.

Das alles zog ihn so sehr in seinen Bann, dass er sogar vergaß, sich in die Wange oder in den Arm zu zwicken.

Jetzt sortierten sich die flimmernden Buchstaben und bildeten Worte. Tom schoss vor Aufregung die Röte ins Gesicht. Was er da sah, war so umwerfend, als hätte eben einer der brasilianischen Fußballstars an seine Tür geklopft und Tom mit schüchternem Blick um ein Autogramm gebeten.

In scharfer, grün-gelber Schrift las er zwei Worte: Tom Deutschland.

In den nächsten beiden Tagen malte Tom in der Schule ausschließlich braune Männchen mit Lederballköpfen auf den

Rand seiner Hefte. Er konnte sich nicht wirklich auf die Schule konzentrieren. Wenn er nicht so ein guter Schüler gewesen wäre, hätte es bestimmt Ärger gegeben. Er musste ständig an sein großes Geheimnis denken. Jede freie Minute verbrachte er mit dem wundersamen Ball. Am liebsten im Mainzer Volkspark oder auf seinem Dachboden.

Mit dem Ball konnte er die tollsten Kunststücke machen: atemberaubende Hackentricks oder Drehungen um die eigene Achse, ohne dass die Kugel den Boden berührte. Es war herrlich.

Tom verriet niemandem etwas von seiner Entdeckung. Salvatore oder Winston hätte er den Ball gerne gezeigt. Aber die beiden hatten ja mit ihren Eltern wegziehen müssen. Auf E-Mail oder SMS hatte Tom keine Lust. Er war noch immer enttäuscht, dass die beiden so schnell verschwunden waren.

„Sie hätten sich ruhig etwas mehr gegen den Willen ihrer Eltern sträuben können", dachte er. „Warum sind die beiden bloß so verdammt weit weg?"

Der Ball gab Tom immer mehr Rätsel auf. Am Abend des zehnten Tages begann er wieder zu leuchten. Ein neuer Name und ein neuer Ort erschienen: Anna Schweden.

Was hatte das bloß zu bedeuten? Noch dazu ein Mädchenname. Tom konnte sich keinen Reim darauf machen. Doch am nächsten Tag begann sich das Rätsel zu lösen.

Tom war auf dem Weg zum Mainzer Volkspark. Er konnte sich nicht erinnern, wann er das letzte Mal so voller Begeisterung gewesen war. Er hielt es einfach nicht aus, die ganze Geschichte mit dem Ball komplett für sich zu behalten. Heute würde er den Zauberball in die Gesellschaft ein paar junger Fußballer einführen. Schließlich stieg ein kleines Turnier von Klassenkameraden und Nachbarsjungen im Volkspark.

Tom hatte wieder einmal niemand Bescheid gesagt.

„Das werden sie bereuen. Den anderen werde ich mal zeigen, was man mit einem Ball so alles machen kann", dachte Tom gerade übermütig, als der Ball in seinen Händen zu zucken begann.

„Was ist denn los?", fragte Tom. „Du warst auf dem Weg hierher schon so unruhig. Du bist doch nicht aufgeregt, weil du gleich zum Einsatz kommst? Mir könnte das nie passieren", zwinkerte er dem Ball zu.

Tom erinnerte sich an all die Pleiten auf dem Fußballplatz. Aber heute würde es anders sein. Ganz anders.

Tom, der sich angewöhnt hatte, seinen runden Freund direkt anzusprechen, sah seinen Leder-Kumpel vergnügt an.

„Wir zwei zusammen – das wird sie umhauen", frohlockte er.

Gleich würde er ihnen die größte Sensation ihres Lebens vor die Füße knallen.

Die Jungs hatten sich schon auf dem Rasen versammelt, als Tom eintraf. Die meisten kannte er. Trotzdem wurde Tom eher beiläufig begrüßt. Allein sein Ball schien ein gewisses Interesse zu wecken. Aber anders, als er es sich vorgestellt hatte.

„Hey, was hast du uns denn da Schönes mitgebracht?", nahm ihn einer der Kicker auf die Schippe.

„Sieht aus wie etwas, das früher mal ein Ball gewesen sein

muss, hahaha, bist du etwa an einem Flohmarktstand vorbeigekommen?", lästerte ein anderer.

Tom ließ die Frotzeleien abprallen, holte tief Luft und antwortete feierlich: „Darf ich euch vorstellen, das ist unsere neue Wunderwaffe, ein echter Zauberball. Wem der gehört, der macht im Spiel jeden Gegner platt."

Tom war fest davon überzeugt, dass der Ball immer zu ihm und seiner Mannschaft halten würde.

Doch auf die Jungs im Park machte seine kleine Ansprache wenig Eindruck.

Zu Toms großer Verwunderung brachen sie in schallendes Gelächter aus und schrien laut durcheinander. Tom konnte nur einzelne Wortfetzen heraushören: „Wunderwaffe … lächerlich, Tom … schon immer komisch … hat 'nen Vollschuss … müsste man einsperren … altes Stück Leder … damit spielt nicht mal ein Mädchen."

Tom schwoll der Kamm. Weil er nicht wusste, wie er sich Luft verschaffen sollte, tat er einfach irgendetwas. Wütend schoss er den Ball in die Luft. Und der ging ab wie eine Rakete, flog höher und höher, als wolle er zum Nachbarplaneten fliegen.

Tom interessierte sich nicht mehr für die verdutzten Gesichter der anderen. Er flitzte dem Ball hinterher, der sich bereits wieder im Landeanflug auf die Erde befand. Die Kugel schlug fast am anderen Ende des Volksparks auf, vollführte wilde Sprünge und rollte blitzschnell weiter.

Tom hatte zwar eine gute Kondition, aber dieser Ball schaffte ihn beinahe. In einem Höllentempo wetzte er hinter seinem ledernen Freund her. Aus den Augenwinkeln sah er den Ball hinter einem Busch verschwinden. Als Tom völlig erschöpft um die Ecke bog, wurde er von der einen zur anderen Sekunde zum wild entschlossenen Kämpfer. Ein anderer Junge hatte es gewagt, sich nach seinem Ball zu bücken. Nach seinem Ball!

„Lass das, der Ball gehört mir", fauchte Tom den Jungen an, der blonde, wuschelige Haare und viele Sommersprossen hatte und den Tom nur flüchtig kannte.

„Sein Vater ist doch dieser Ingenieur, der angeblich an Luftschiffen herumtüftelt", fuhr es Tom durch den Kopf. Von Tom derart angefahren, schreckte der Junge zurück. Doch der Ball schien einen neuen Freund gefunden zu haben. Denn er begrüßte den Jungen, der Michael hieß, so herzlich, dass Tom sich wieder einmal in die Wange zwicken musste.

Der Ball tanzte um den Jungen herum und hopste ihm in die Arme. „Tut mir leid", sagte Michael scheu, „ich will deinen Ball nicht stehlen."

Er schlug die Augen nieder und drückte Tom den Ball in die Hand. Doch der sprang von Tom weg und rollte Michael vor die Füße. Der traute sich nicht mal mehr ihn anzusehen, geschweige denn ihn aufzuheben.

„Ich glaube, der Ball will zu dir", sagte Tom traurig.

Er begann zu verstehen. Tief in seinem Innern hatte er immer befürchtet, dass auch sein neuer Freund ihn verlassen würde – wie Salvatore und Winston. Wenn es so war, konnte er es nicht ändern.

„Mit dem Ball ist das so", sagte er zu dem Jungen. „Dieser Ball ist ein ganz besonderer Ball, na, wie soll ich es sagen, du wirst es schon merken. Dieser Ball hat seinen eigenen Willen."

„Und", Tom machte eine Pause, weil es ihm schwer ums Herz wurde, „er sucht sich seine Freunde selbst aus."

Michael lächelte vorsichtig, denn er mochte den runden Leder-Gesellen auf Anhieb und konnte Tom deshalb gut verstehen.

„Ich kann den Ball gar nicht gebrauchen", sagte Michael schnell, als er in Toms betretenes Gesicht sah.

„Mein Vater testet einen neuen Zeppelin. Er fliegt mit ihm bis nach Schweden. Und zum ersten Mal darf ich mit. Da kann ich keinen Ball mitnehmen."

Tom durchfuhr es siedendheiß. Schweden?

„Der Zeppelin fliegt nach Schweden?", fragte er noch einmal.

„Ja, bis hoch in den Norden sogar", antwortete der Junge.

Toms Gehirn ratterte wie ein Glücksspielautomat. In seinem Kopf flammte ein Licht nach dem anderen auf. Hatte auf dem Ball nicht „Anna Schweden" gestanden? Na klar. Das musste es sein.

„Der Ball braucht dich, um nach Schweden zu kommen, dort trifft er nämlich ein Mädchen, die Anna."

Tom überlegte: „Mich würde es nicht wundern, wenn diese Anna auch Fußball spielt. Das muss ein ganz besonderes Mädchen sein."

Michaels Gesicht war ein einziges Fragezeichen, das von Sekunde zu Sekunde größer wurde.

„Also, noch mal von vorne", sagte Tom, während der Ball fröhlich um sie beide herumhopste.

„Ich erzähle dir jetzt die ganze Geschichte."

Am Ende hatte Michael ganz strahlende Augen, so aufregend fand er das alles. Aber Tom wurde schwermütig. Er wusste, dass er sich nun verabschieden musste.

„Mach's gut, mein Freund", sagte er zu dem Ball, der jetzt nur noch langsam hin und her rollte, als würden ihm gleich ein paar Tränen aus den Nähten rinnen.

Tom drehte sich um und lief davon. Er hasste Abschiede. Vor allem wenn er wenige Minuten zuvor zu allem Übel auch noch von den hochnäsigen Jungs im Volkspark verspotten worden war. Angestrengt versuchte er, keinen Gedanken mehr daran zu verschwenden.

Dabei half ihm die Erinnerung an Salvatore. Der hatte einfach für alles einen Spruch parat.

„Wie war das noch?", dachte Tom. „Na klar, Hochmut kommt vor dem Fall, würde Salvatore sagen. Und dann noch: Gut jetzt und basta."

Auf den letzten Metern bis zur elterlichen Villa dachte Tom nur noch an seinen kleinen runden Freund. Immer wieder erinnerte er sich daran, wie vergnügt der Ball bei ihrer ersten Begegnung auf dem Speicher um ihn herumgesprungen war.

Und dann lachte er laut, um nicht losweinen zu müssen.

Die bärenstarke Anna sorgt sich um Großvater Gustav und hat Ärger mit ihrem Stiefbruder Sven

Während Tom dem Ball nachtrauerte, sah Anna den Enten zu, wie sie, kleine Wasserfontänen aufwerfend, im Vänersee landeten. Der Vänersee war der größte See Schwedens und eigentlich ein Meer. Anna hatte nicht die leiseste Ahnung, wo sich das gegenüberliegende Ufer befand. Manchmal träumte sie, eines Tages würde Pippi Langstrumpf mit einem Schiff voller Piraten am Horizont auftauchen, um sie auf eine wilde Abenteuerreise mitzunehmen.

Ob Piraten auch Fußball spielten?

„Na klar", dachte Anna, „sonst ist das Piratenleben ja langweilig."

Die Zehnjährige war die beste Stürmerin des Fußballclubs Allsvenska. Zudem glaubte sie fest daran, dass sie irgendwie mit dem berühmtesten aller schwedischen Mädchen verwandt sein musste. Denn Anna hatte nicht nur rote Haare und Sommersprossen wie Pippi, sie war auch bärenstark. Zwar konnte sie kein Pferd mit einem Arm in die Luft stemmen. Aber jeder Junge hatte einen gehörigen Respekt vor Anna. Wer ihr dumm kam, dem verdrehte sie die Nase oder zog ihm die Ohrläppchen lang, dass seine Ohren noch eine Weile feuerrot leuchteten.

Aber das kam selten vor. Denn Anna war nicht leicht aus der Ruhe zu bringen und eigentlich immer gut gelaunt.

Jetzt saß sie mit verschwitztem Trikot und Fußballschuhen im Schilfgras. Sie trug die Nummer 4 wie die schwedische Rekordtorschützin Pia Sundhage. Hier am Waldrand – nicht weit von dem kleinen, hölzernen Bootsanlegesteg – war es herrlich ruhig. Ein einsamer Zeppelin schwebte am Himmel wie eine riesige fliegende Zigarre. Anna blickte fasziniert nach oben.

„Das wäre auch ein tolles Abenteuer, da mitzufliegen", dachte sie.

Anna genoss die letzten Tage des Spätsommers. Bald würde es wieder früh dunkel werden. Ohne Flutlicht war es dann auf dem Trainingsplatz stockfinster. Schweden war ein seltsames Land. Denn mitten im Sommer schien sogar noch zur Geisterstunde die Sonne. Alle Kinder durften lange aufbleiben. Und Anna konnte stundenlang kicken.

Heute im Training hatten sie sieben gegen sieben gespielt. Anna legte sich die Hand auf den Bauch. Wenn sie an das Training dachte, bekam sie ein flaues Gefühl im Magen. Sie hatte die Kugel meistens am Tor vorbeigeschossen und ein paar richtig schlechte Pässe gespielt. Das passierte ihr in jüngster Zeit öfter.

„Anna, du hast nur ein kleines Formtief", hatte ihr Trainer sie getröstet.

Herr Larson hielt sie für ein großes Stürmer-Talent, das hatte er ihr schon oft gesagt. Obwohl sie erst zehn war, hatte sie einen Schuss, der jeder Torfrau die Knie schlottern ließ. Trotzdem würde ihr Trainer sie aus der Stammmannschaft nehmen müssen, wenn es weiter so schlecht lief, da war Anna sich sicher. Und das fünf Tage vor dem großen Spiel um den Värmland-Pokal, bei dem sie unbedingt dabei sein wollte.

31

Anna nahm sich vor, beim nächsten Training wieder tolle Pässe zu schlagen und jede Menge Bälle im Tornetz zu versenken. Doch sie fühlte sich nicht gut. Irgendetwas bedrückte sie.

Anna sah dem Zeppelin hinterher, der in nördlicher Richtung entschwand. Nach einer Weile war er nur noch als kleiner Punkt in der Nachmittagsdämmerung auszumachen. Anna hätte viel darum gegeben, an Bord der kleinen Gondel zu sein, die am Bauch dieser komischen Zigarre klebte. Im schwedischen Norden, in Lappland, dort wo kaum jemand lebte, da wohnte der Mensch, an den sie seit Wochen ununterbrochen denken musste: ihr Opa Gustav.

Wenn sie ihm nur helfen könnte? Sein geliebter Hund Thor war gestorben – und nun saß Opa Gustav den ganzen Tag traurig in seinem Schaukelstuhl. Vor drei Wochen erst hatte Anna ihn besucht – und fast nicht wieder erkannt.

Er hatte kaum ein Wort herausbekommen. Dabei war es bei Opa Gustav immer lustig gewesen. Seine Augen funkelten wie Diamanten, wenn er für Anna schauspielerte oder ihr Geschichten erzählte. Manchmal setzte er sich hinter das leere Gehäuse eines alten Fernsehers und tat so, als wäre er ein berühmter Schauspieler oder ein Nachrichtensprecher. Anna kugelte sich dann vor Lachen.

Bei ihrem jüngsten Besuch hingegen hatten beide dauernd an Thor denken müssen. Auch Anna vermisste den Hund wie verrückt. Und sie fühlte sich schrecklich, wenn sie sich vorstellte, dass sie ihren Opa alleine in seiner kleinen Hütte zurückgelassen hatte.

Anna hätte ihn gerne mit nach Hause genommen, um

ihn zu trösten. Aber Opa Gustav war kein Mensch, der auf Reisen ging.

„Einen alten Baum verpflanzt man nicht", sagte er nur. Da konnte Anna wenig machen.

„Na, da ist sie ja, unsere Super-Stürmerin", rief ihr am Bootssteg jemand von hinten zu.

Anna brauchte sich gar nicht umzudrehen, um zu wissen, wer da angerückt kam. Ihr Stiefbruder Sven wie immer im denkbar unpassendsten Moment. Er war knapp zwei Jahre älter als sie. Eigentlich hätten sie dicke Freunde sein können, denn Anna hatte sonst keine Geschwister. Aber Sven lief den ganzen Tag wie ein aufgeplusterter Gockel durch die Gegend und tat nichts lieber, als sie zu hänseln und zu provozieren.

„Der ist nur neidisch, weil er ein schlechter Sportler ist und kaum Freunde hat", dachte Anna oft.

„Lass mich in Frieden Sven", sagte sie und stellte sich vor ihn.

Sven war in Streitlaune. Mit seinen viel zu weiten Armeeklamotten, die um seinen dürren Körper schlackerten, sah er aus wie ein Gespenst. Seine zwei pickeligen Kumpels waren auch nicht gerade eine Augenweide. Doch Sven fühlte sich in der Übermacht.

„Sieht sie nicht beschissen aus in ihren Fußballklamotten?", lästerte er.

„Sie sollte sich besser eine Schürze umbinden", frozzelte ein anderer, den sie nicht mal kannte.

„Lasst mich bitte in Ruhe", sagte Anna ruhig, obwohl es in ihr brodelte.

Doch Sven und seine zwei Elendsgestalten waren nicht zu bremsen.

„Mädchenfußball – davon kriegst du nur hässliche blaue Flecken und dicke Waden", höhnte er und zog eine widerliche Grimasse. „Ihr Mädchen trefft doch keinen Ball, für euch muss das Tor zwanzig Meter breit sein."

Sven begann, sie zu schubsen.

„Heul doch", provozierte sie ihr Stiefbruder.

Jetzt reichte es Anna. Sie packte sich Sven, verdrehte ihm den Arm, warf ihn nach vorne und verpasste ihm gleich auch noch einen Tritt in den Hintern, sodass er auf dem Bauch im Gras landete. Bevor Sven auch nur einen Ton von sich geben konnte, schleuderte sie ihn auf den Rücken, setzte sich auf ihn, zog ihm das rechte Ohr lang und kniff ihm die Nase.

„Helft mir", rief Sven verzweifelt.

Doch seine Kumpels lachten nur schadenfroh. „Wenn du nicht mal mit einem Mädchen fertig wirst, hast du eben Pech gehabt", höhnten sie.

Was für Armleuchter, das sollten Freunde sein?, dachte Anna.

Nachdem Anna mit Sven fertig war, lief er ziemlich schnell mit roten Ohren und einer dicken Nase nach Hause.

Die andern Witzfiguren ließ sie einfach stehen. Irgendwie tat ihr der Stiefbruder schon wieder leid. Wer solche Freunde hatte, brauchte keine Feinde mehr.

„Warum kann Sven die Lästereien über Mädchen in Fußballschuhen nicht einfach lassen", schimpfte Anna vor sich hin. „Wir sind mindestens so gut wie die Jungen, wenn nicht besser."

Ein paar Stunden später und ein paar hundert Kilometer weiter im hohen Norden saß Opa Gustav mitten in der Nacht vor seinem blau gestrichenen Häuschen. Er konnte nicht schlafen. An der frischen Luft fand er noch am ehesten ein wenig Ruhe, auch wenn ein rauer Nordwind ums Dach pfiff.

Opa Gustav wusste, dass seine Lieblingsenkelin Anna sich Sorgen um ihn machte, aber im Moment konnte er ihr nicht helfen. Ihm ging es zu schlecht. Und wie immer in solchen Zeiten redete er mit seiner schon vor langer Zeit verstorbenen Frau Vicki.

Opa Gustav glaubte unerschütterlich daran, dass sie ihn hören konnte. Ausgerechnet zu dieser Stunde flackerte ein unglaublich schönes Polarlicht am Himmel von Lappland auf. Es erschien ihm wie ein flimmernder Fächer aus grünen und roten Lichtfäden.

„Vicki, ich weiß, im Himmel ist es wunderschön."

Opa Gustav war überzeugt, dass seine Frau ihm Botschaften schickte. In Lappland waren die Menschen dem Himmel näher.

Plötzlich schob sich ein Schatten vor den Lichterzauber. Beinahe glaubte Opa Gustav die Umrisse eines Luftschiffs zu erkennen, ein Zeppelin vielleicht – oder hatte er sich getäuscht? Dann blitzte etwas am Firmament auf und sauste zur Erde. Für einen Augenblick dachte Opa Gustav, es wäre ein kleiner Komet. Dann polterte es fürchterlich. Irgendein Gegenstand war gegen das Hausdach geprallt und weggeschleudert worden.

Der alte Mann war hellwach. Er begann, das sumpfige Grasland um sein Haus abzusuchen. Hinter dem kleinen

Vorratsschuppen nahm er ein schwaches Leuchten wahr. Opa Gustav zog etwas Feuchtes, Rundes unter einem Weidenbusch hervor. In seinem langen Leben hatte er schon viele seltsame Dinge gesehen, aber das hier?

„Du hast mir einen Fußball geschickt, Vicki", murmelte er und kratzte sich an seinem stoppeligen Kinn. „Soll ich auf meine alten Tage noch einmal die Fußballschuhe schnüren? Oder habt ihr eine schicke Seniorenmannschaft bei euch da oben?"

Opa Gustav strich über das nasse Leder. Das war kein gewöhnlicher Ball, daran zweifelte er keine Sekunde. Das seltsame Leuchten bildete Buchstaben, formte einen nur allzu vertrauten Namen: Anna Schweden.

Wie viele Lappländer glaubte Opa Gustav zwar an Elfen, Trolle und Geister, aber fliegende Fußbälle waren ihm noch nicht untergekommen, vor allem nicht solche, die den Namen seiner Enkeltochter trugen. Auf einmal war er unsicher, ob das wirklich eine Nachricht von seiner geliebten Frau war.

Opa Gustav spürte die Kälte und zog sich die Wollmütze tiefer in die Stirn. War da jemand? Er lauschte und spähte umher. Doch er hörte nur den Wind. Und jenseits der vertrauten Umrisse war nichts Verdächtiges zu erkennen. Trotzdem kam ihm die Situation unheimlich vor. Den Ball ließ er sicherheitshalber vor der Veranda ins Moos fallen.

„Dich nehme ich nicht mit ins Haus", sagte er und fragte sich zugleich, ob er langsam wahnsinnig wurde, weil er schon mit Bällen redete.

Was für eine Aufregung. Er ging ins Haus, um sich einen Tee zu kochen und vielleicht endlich ein wenig zu schlafen.

Ein paar hundert Kilometer weiter südlich, also in Mittelschweden, und einen ganzen Tag später saß Anna wieder am Bootssteg. Das nunmehr tägliche Training war wieder eine Katastrophe gewesen. Anna hatte sich geduscht und wortlos das Umkleidehäuschen verlassen. Am liebsten hätte sie in ihre Fußballschuhe gebissen und das Trikot in 1000 Fetzen zerrissen. Heute hatte sie überhaupt kein Tor geschossen, nicht mal ein Pfostenschuss war ihr gelungen.

Auf dem Heimweg trat sie vor Wut gegen eine Blechmülltonne. Die sah jetzt ziemlich zerdeppert aus. Zumindest auf ihre Kraft konnte sie sich noch verlassen.

Nach dem Training hatte Anna sich nicht getraut, noch einmal mit Herrn Larson zu sprechen. Er machte in drei Tagen die Aufstellung. Und Anna war sich ganz sicher, sie würde zum ersten Mal auf der Bank Platz nehmen müssen. Und das ausgerechnet bei einem solch wichtigen Turnier. Was für eine Blamage.

Missmutig streifte ihr Blick über das graue Wasser des Sees. Weit und breit war kein Piratenschiff zu sehen, mit dem sie hätte abhauen können. Dafür hatte Anna heute Sven getroffen. Seine Nase war immer noch ein bisschen dick.

„Vielleicht habe ich sie ihm zu fest verdreht", dachte Anna, die niemandem lange böse sein konnte.

„Da bist du ja", hörte sie eine vertraute Stimme in ihrem Rücken.

Anna zuckte zusammen. Es war ihr Trainer Herr Larson. Anna sah ihren Coach verlegen an.

„Ich bin so … ich weiß, dass ich in letzter Zeit …. Es tut mir schrecklich leid, ach, was soll ich bloß machen?"

Anna bekam keinen geraden Satz heraus, das passierte ihr superselten. Dafür wälzte sich ein dicker Kloß der Enttäuschung in ihrem Magen herum.

„Ist schon gut, Anna."

Herr Larson setzte sich neben sie und nahm sie väterlich in den Arm. Dann schob er sie ein Stück von sich weg, ohne sie loszulassen.

„Ich habe eine Überraschung für dich", sagte der Trainer mit einem verschmitzten Lächeln.

„Aber, aber, ich habe doch total mies gespielt", stammelte Anna.

„Fußball ist wichtig, aber nicht das Allerwichtigste", antwortete ihr Lehrer mit verschwörerischer Miene. „Schau mal, wer da ist."

Herr Larson blickte zu den zwei dicken Eichenbäumen. Dahinter trat jemand hervor. Anna war nun endgültig sprachlos. Ihr Herz begann wie wild zu klopfen. Auf sie kam ein alter, gebeugter Mann zu, der einen kleinen zerschlissenen Lederkoffer in der rechten Hand und eine Stofftasche in der Linken hielt. Er breitete seine Arme aus. Anna sprang ihm so heftig entgegen, dass er beinahe umstürzte. Dann drückte sie ihn ganz, ganz fest. Diesen Mann wollte sie am liebsten nie mehr loslassen: Opa Gustav.

Anna konnte es kaum fassen. Ihr Opa war gekommen. Nachdem sie endlich aufgehört hatte, ihn zu umarmen, bestürmte sie ihn mit Fragen.

„Wie hast du es hierher geschafft, du reist doch nie? Und wie lange bleibst du? Bist du noch traurig wegen Thor?"

„Langsam, langsam, Anna", sagte Opa Gustav und wies

auf die Stofftasche. „Ich glaube, du hast einen neuen Freund."

Das kleine Mädchen schaute ihn nur mit großen Augen an. Ihr Großvater holte ehrfürchtig einen braunen Ball mit grünen Moosflecken aus der Tasche.

„Was soll ich mit diesem alten Ball?", sagte Anna verwirrt.

Anna hatte genug schöne neue Fußbälle und eigentlich gar keine Lust, sich mit diesem ollen Lederball zu befassen. Sie interessierte sich viel mehr für ihren Großvater, der ihr überhaupt nicht mehr traurig vorkam.

Herr Larson hatte sich inzwischen verabschiedet. Jetzt waren Opa Gustav und Anna unter sich.

„Komm mit", sagte ihr Opa. „Dort im Wald, da ist Schatten."

Anna bekam allmählich Angst, dass ihr Opa vielleicht den Verstand verloren hatte.

Doch sobald sie das Halbdunkel des Birkenwaldes erreicht hatten, war es Anna, die an ihren sieben Sinnen zweifelte. Auf dem Ball erschien ihr Name in einer geheimnisvollen flimmernden Leuchtschrift. Und plötzlich kam ihr dieses runde, faszinierende Etwas auch gar nicht mehr wie ein schäbiger Fund aus Opas Mottenkiste vor, sondern wie eine kostbare Zauberkugel.

Der Ball zeigte ein paar Kunststückchen. Er tanzte auf ihren Köpfen herum, schlug kleine, übermütige Loopings. Opa und Anna köpften die Kugel hin und her. Der 75-Jährige schien wie verwandelt. Trotz seines hohen Alters entpuppte er sich als exzellenter Ballkünstler. Doch eigentlich wussten alle beide, dass nicht sie mit dem Ball, sondern der Ball mit ihnen spielte.

„Diese Geschichte wird mir niemand glauben", dachte Anna.

Und doch genoss sie diesen magischen, unbeschwerten Moment nach all der Angst, die sie die vergangenen Tage durchgestanden hatte.

„Wie hast du diesen Ball bloß gefunden?", fragte Anna ihren Opa, nachdem sie wieder zum Seeufer zurückgegangen waren.

Und der alte Lappländer erzählte, was geschehen war.

„Eigentlich wollte ich den Ball draußen liegen lassen, aber als ich drinnen meinen dampfenden Tee schlürfte, da hatte ich ein komisches Gefühl, als würde ich den Ball im Stich lassen, als wäre er ein lebendiges Wesen."

Opa war schon wieder ganz in seinem Erzählelement: „Und als ich noch mal draußen nachschaute, da ist mir dieser verrückte Ball mitten in die Arme gesprungen wie Thor es oft getan hat, als er noch ganz klein war."

Opa versuchte sich als Schauspieler. Gerade schaute er wie ein Welpe drein, abwechselnd winselnd oder bellend.

Anna musste laut lachen und steckte Opa damit an. Sie bekamen sich nicht mehr ein vor Prusten und Kichern.

„Du hast meinen Opa wieder froh gemacht", sagte sie zu dem Ball und drückte ihn fest an sich.

Und obwohl sie sich eben noch für eine solche Geste als vollkommen durchgeknallt beschimpft hätte, war es ihr kein bisschen peinlich. Dieser Ball hatte die Kraft, die Dinge zum Guten zu wenden. Das spürte Anna – und wie.

Schweden

Sven rächt sich an Anna

Am nächsten Morgen wachte Anna richtig froh auf. Zum ersten Mal seit längerer Zeit hatte sie Lust aufs Training. Sie platzte fast vor Tatendrang. Die Stunden in der Schule flogen nur so vorüber. Doch auf dem Weg zum Training am frühen Nachmittag geschah etwas Schreckliches.

Opa Gustav, der sie bis zum Sportfeld bringen wollte, und Anna freuten sich über ihren neuen Freund, den wundersamen Ball, der immer ein paar Meter vor ihnen über die Straße hüpfte. Doch plötzlich schoss etwas Dürres, Langes, Grünes aus einem Busch hervor über die Straße, packte den Ball und rannte blitzschnell zurück in den nahen Wald.

Anna und Opa Gustav waren so geschockt, dass sie einen Moment wie angewurzelt stehen blieben. Erst dann begriffen sie, was gerade geschehen war. Anna gewann am schnellsten die Fassung zurück.

„Sven, du elender Schuft, gib den Ball wieder her", schrie sie aufgebracht.

Doch selbst die pfeilschnelle Anna hatte keine Chance, ihren Stiefbruder noch einzuholen. Der war in dem großen Birkenwald verschwunden.

Opa Gustav war kreidebleich. Und Anna befürchtete, dass ihr Opa mit dem Verschwinden des Balles wieder traurig werden würde.

Das Training wurde dementsprechend fürchterlich. Anna konnte sich überhaupt nicht konzentrieren. Aus lauter Frust

41

donnerte sie den Ball einmal so fest gegen die hölzerne Torlatte, dass diese in zwei Teile zerbrach. Beinahe wäre die Torfrau von den zusammenbrechenden Balken getroffen worden. Selbst der gutmütige Herr Larson hatte die Nase gestrichen voll.

„Anna, jetzt reicht es. Für heute ist dein Training vorbei."

Wie ein begossener Pudel schleppte sich die Stürmerin vom Rasenplatz. Auf den Zuschauerbänken fiel sie Opa Gustav in die Arme.

„Nur noch zwei Tage bis zum Pokalspiel, niemals, niemals kann ich da noch mitspielen. Wie schrecklich."

Anna heulte Opa das flauschige Hemd nass. Der alte Mann wusste auch nicht, wie er sie trösten sollte.

„Wir kriegen das hin", versuchte er tonlos, das Unglück seiner Enkelin zu beschwichtigen. Und dachte gleich: „So ein halbherziger Trost ist wahrscheinlich schlimmer als gar keiner."

Auf dem Nachhauseweg redeten Anna und ihr Großvater kein Wort mehr.

Sven hatte sich derweil an einem Ort versteckt, der sein großes Geheimnis war. Hier würde ihn so leicht niemand finden.

Im Halbdunkel seines Verstecks sah der dreizehnjährige Junge sein Beutestück an. Er hatte diesen komischen Ball gestern schon heimlich beobachtet, als Annas tattriger Opa Gustav, der gottlob nicht mit ihm verwandt war, das blöde Ding mitgebracht hatte.

„Dich halten sie ja für was ganz Besonderes", sagte er hämisch zu dem Ball. „Dabei siehst du wie ein potthässlicher umgenähter Müllsack aus."

Sven gab dem Ball einen fiesen Tritt, sodass er gegen die

morsche Holzwand knallte. In seiner rechten Hand funkelte ein kleines Messer. Der Junge spürte einen wohligen Schauer bei dem Gedanken über seinen Rücken laufen, etwas zu verletzen, das dieser doofen Anna so sehr am Herzen lag. Wie hasste er diese Göre. Er musste sich nur an seine dicke Nase und die immer noch brennenden Ohren erinnern.

„Anna, die Tolle, das Lieblingskind meines Vaters, die Super-Fußballerin, für die ich Luft bin", brachte Sven bitter hervor.

„Deinen Ball schneide ich in kleine Stückchen und die stopfe ich dir in die Fußballschuhe", zischte er und sah den Ball an, an dem ein paar verdorrte Blätter und Farne klebten.

Böse grinsend packte er die braune Kugel, hielt sie mit der linken Hand fest. Eine Sekunde lang blickte er noch auf die scharfe Messerklinge in seiner Rechten, die boshaft aufblitze. Dann stieß er zu.

Einen Tag später herrschte helle Aufregung in Hammarö am See. Sven war verschwunden. Der Vater von Anna und Sven hatte die Arbeit abgesagt. Das ganze Dorf und auch die Polizei suchten nach dem Ausreißer. So sehr Anna wütend auf ihren hochnäsigen Stiefbruder war, sie machte sich doch Sorgen um ihn.

„Hoffentlich ist ihm nichts passiert", dachte sie.

Die Wut auf ihn war merklich kleiner geworden. Anna hatte sogar trotz anstehendem Pokalspiel das Training verpasst, um ihn zu suchen. Fieberhaft überlegte sie, wo er stecken könnte. Anna erinnerte sich dunkel an ein Versteck, von dem er ihr vor vielen Jahren mal erzählt hatte. Zu einer Zeit, als er noch anders gewesen war, fast schüchtern, damals hatte sie ihn gern gehabt.

„Haus, Turm, Keller, nein." Anna plapperte oft laut vor sich hin, wenn sie eine schwierige Aufgabe zu lösen hatte. „Schiff, Schilf, nein, Höhle, Hütte – Hütte?"

Anna stutze. Ja, Sven hatte ihr einmal von einer alten Hütte auf der Urwald-Insel im See erzählt.

„Opa Gustav, Opa Gustav, ich weiß vielleicht, wo Sven ist."

Der alte, erschöpft wirkende Mann, mit dem sie nach dem Ballräuber suchte, beugte sich mit rot geränderten Augen mühsam zu ihr runter.

„Auf der Insel, Opa", sagte Anna ganz aufgeregt, „das ist gar nicht weit weg von hier."

„Aber wie kommen wir da hin?", fragte er zögerlich, „wir haben kein Boot und ich kann nicht schwimmen."

Opa Gustav zuckte verlegen mit den Schultern.

Anna überlegte. „Wir nehmen das Floß, überraschen Sven und bringen ihn und den Ball nach Hammarö zurück."

Bei dem Wort Ball strafften sich Opa Gustavs Schultern. Doch kurz darauf traten tiefe Falten auf seine Stirn.

„Ein Floß? Woher kriegen wir denn ein Floß?" Opa Gustav öffnete die Hände als Zeichen seiner Ratlosigkeit.

Anna griff sich seinen Arm und zerrte ihn zum Rand des Sees. In der Nähe des Stegs hatte sie ihr selbst gebautes Floß festgebunden. Anna zog es mit einem kräftigen Ruck zum Ufer, als wäre es kinderleicht.

Opa blieb vor Staunen der Mund offen. Seine Enkelin schnappte sich zwei Paddel und sprang auf das Balkenboot.

„Jetzt du, ich gebe dir meine Hand."

Opa Gustav gab sich einen Ruck.

„Das tu ich nur für dich, Anna", lenkte er ein. „Auf so einem Schaukelbrett war ich noch nie unterwegs."

Opa Gustav ließ sich von Anna stützen und machte einen großen Schritt. Er saß noch nicht richtig, da ruderte Anna schon wie ein Raddampfer mit voller Kraft voraus. Rechts und links spritzte das Wasser hoch. Opa Gustav krallte sich an den Holzplanken fest. In fünfzehn Minuten hatten sie die Insel erreicht.

„Los, wir müssen weiter", trieb Anna ihren schnaufenden Opa an. „Ich weiß ungefähr, wo die Hütte ist."

Die beiden fingen an, sich durch den dichten Wald zu kämpfen. Einmal wären sie beinahe in einen tückischen Sumpf geraten. Schwärme von Stechmücken flogen auf. Anna und Opa Gustav schlugen wild um sich. Aber sie wurden dutzendfach gestochen. Wenig später mussten sie über einen umgefallenen Baum klettern.

Und einmal brach direkt vor ihnen ein Elch mit einer Furcht einflößenden Geweihschaufel durch das Unterholz.

„Anna, wir finden ihn nicht", schnaufte Opa, dem langsam die Kräfte schwanden.

„Doch, wir finden ihn, ganz bestimmt", entgegnete Anna.

Beide tasteten sich durch einen Hohlweg, der von wilden Beerensträuchern umwuchert wurde. Der Weg schien endlos lang. Nach einer letzten Biegung kamen sie auf eine Lichtung.

„Pssst, Opa, da vorne ist was."

Jetzt hörte es auch der alte Gustav. Irgendetwas bewegte sich.

Beide schoben behutsam die Blätter eines Farnes auseinander, der mitten im Weg stand. Was sie sahen, hätte das achte Weltwunder sein können. Anna kniff die Augen zu und machte sie wieder auf. Sie zog sich an den roten Zöpfen. Aber all das änderte nichts. Das hier war kein Traum.

Sven jonglierte quietschvergnügt vor einer halb verfallenen Hütte mit dem Ball. Der braune Ledergeselle tanzte mal auf der rechten, dann auf der linken Schulter herum, sauste, sich in einem Affenzahn drehend, in die Höhe. Sven fing ihn mit der Wade auf, ließ ihn über Rücken und Hinterkopf rollen, um ihn dann auf der Nase Pirouetten drehen zu lassen wie ein Ballettmeister seine Ballerina. Dabei lachte und gluckste er, als hätte er sich in ein kleines Kind zurückverwandelt.

„Schau Opa", flüsterte Anna leise. „Der Ball hat auch ihn verzaubert."

Die beiden sahen Sven noch eine Weile zu, dann traten sie aus dem Dickicht. Als Sven sie entdeckte, verlor er alle Farbe.

„Was macht ihr, ähm, hallo", stotterte er und der Ball plumpste zu Boden.

Der Junge wollte weglaufen, stolperte aber über den Ball und schlug hin. Anna war schnell bei ihm.

„Sven, lauf nicht weg. Wir haben uns Sorgen um dich gemacht."

46

Sven schaute unsicher mit verschrammtem Gesicht erst zu Anna, dann zu Opa Gustav hin. „Sorgen? Wegen mir?"

„Ja, Sven", sagte Anna ruhig. „Das ganze Dorf sucht dich, ich habe sogar das Training ausfallen lassen."

„Das Training, wegen mir?" Der Blick des Jungen wurde weicher.

„Und Sven", fuhr Anna fort, „ich wusste gar nicht, dass du so ein großartiger Fußballer bist."

Svens Gesicht schien in Flammen zu stehen, so rot wurde es. „Das bin ich nicht alleine, ich meine, dieser Ball, das ist, wie soll ich das sagen …"

Der Junge war verwirrt, wirkte verloren in seinen viel zu großen Armeeklamotten.

Opa Gustav sah ihn lächelnd an. „Ja, Sven, wir wissen Bescheid, dieser Ball verändert uns alle", sagte er.

Anna ging auf Sven zu. „Los, erzähl mal, was du mit dem Ball erlebt hast", drängte das Mädchen.

Doch Sven hatte erst noch etwas anderes auf dem Herzen. Er schluckte schwer und murmelte nahezu unverständlich vor sich hin. Es sollte wohl heißen: Tut mir leid, Anna. Das Mädchen wusste, was ihr Stiefbruder ihr sagen wollte. Doch ein ganz klein bisschen Strafe konnte nicht schaden.

„Was meinst du, Sven?", fragte sie.

„Tschuldigung", stieß er hervor. „Eigentlich, na ja, also", Sven blickte nach unten. Er suchte nach Worten.

„Du wolltest dich an mir rächen, Sven. So war es doch. Ich weiß es sowieso", sagte Anna friedfertig.

„Ja", brachte Sven mühsam heraus. „Schlimmer noch, ich wollte den Ball kaputt machen. Aber plötzlich leuchtete er und wurde ganz warm, ich meine, mir wurde ganz warm – so richtig doll, mitten drin im Bauch sozusagen. Und mir kam es vor, als sei dieser Ball ein Freund, als würde er mich mögen. Als würde mich endlich jemand mögen. Da habe ich das Messer wieder weggesteckt. Ich weiß, die ganze Aktion war bescheuert."

Sven verzog das Gesicht, presste die Lippen aufeinander, er wollte nicht weinen, aber trotzdem rannen ihm Tränen über die Wangen.

„Und dann ist er um mich herumgehüpft, und ich habe angefangen, mit ihm zu spielen. Es ging immer besser, wir haben die verrücktesten Sachen gemacht. Das war so schön, da habe ich die Zeit vergessen, vollkommen vergessen."

Jetzt strahlten Svens Augen.

„Und du wolltest gar nicht mehr nach Hause", sagte Anna. „So war es doch?"

„Stimmt. Ich kann mich nicht erinnern, dass ich einmal so glücklich war, Anna."

Sven verstummte.

Anna umarmte ihn.

„Jetzt, wo du ja weißt, dass auch du ein guter Fußballer bist, musst du ja nicht mehr neidisch sein. Können wir nicht einfach Freunde sein?", flüsterte sie ihm zu.

„Wir beide?" Sven sah sie an.

Anna nickte stumm.

„Freunde", murmelte Sven.

„Und auch wir können Freunde sein", sagte Opa.

Die drei hoben den Ball zusammen hoch, als wollten sie einen Bund schließen. In ihren Händen pulsierte eine wärmende Energie, die nach und nach ihre gesamten Körper erfüllte. Dieser Moment, das wussten sie, würde sie immer verbinden – ihr ganzes Leben lang.

Plötzlich erschien erneut eine Schrift auf dem Leder. Alle schauten gebannt hin. „Freunde", stand da. Dann wurden die Buchstaben wie von einem unsichtbaren Zaubertuch weggewischt. Wieder formte sich ein Schriftzug, dieses Mal waren es zwei Wörter.

„Ich glaube, wir werden den Ball bald hergeben müssen", sagte Anna.

Auf dem Ball war ein neuer Name zu lesen: Salvatore Sizilien.

„So wie Anna Schweden", sagte Opa. „Er reist also um die Welt."

Allen war ein wenig schwer ums Herz, weil ein Abschied nahte. Aber sie waren auch sehr froh über alles, was geschehen war.

„Ein Wunder", dachte Opa gerührt.

„Los, wir müssen uns beeilen, die andern suchen ja noch", drängte Anna, die sich am schnellsten wieder gefangen hatte.

Die drei rannten los, als wären die Waldgeister hinter ihnen her. In Wahrheit aber war es die reine Freude, die ihnen Flügel verlieh.

Am Abend des nächsten Tages trafen sie sich noch einmal an dem Bootssteg, an dem alles begonnen hatte. Anna war überglücklich. Im Training hatte sie sieben Tore geschossen, eins schöner als das andere, das 7 : 0 sogar mit einem Hackentrick.

Herr Larson hatte sie nun doch für das Pokalspiel am nächsten Tag nominiert – als Spielführerin, weil die Kickerin krank geworden war, die sonst die Kapitänsbinde trug. Und das Schönste: Sven hatte versprochen zum Spiel zu kommen, zu einem Mädchenfußballspiel – das war so, als würde sich ein Eisbär eine Karte für die Sauna kaufen.

Opa wollte zwar wieder zurück zu seiner Hütte hoch oben im Norden, aber jetzt würde er öfters nach Hammarö am Vänersee kommen. Er hatte bereits eine Zugfahrkarte für seinen nächsten Besuch bei Anna und Sven gelöst.

Nun standen alle drei am Seeufer um den Ball herum, der ein bisschen schwermütig auf und ab hopste.

„Wir müssen dich jetzt gehen lassen, nicht wahr?" Anna war es, die das Unvermeidliche aussprach.

„Nur wie?", fragte Sven.

Opa Gustav wusste Rat. Er blickte zum Himmel. „Wir geben ihn da hin, wo er herkam."

„Wie meinst du das?", fragte Anna.

Opa machte eine Pause und lachte schelmisch.

„Ganz einfach. Er kam vom Himmel, jetzt geht er zum Himmel zurück", sagte er und schickte ein kleines Stoßgebet zu seiner Vicki.

„Und wie kommt unser Ball da hin?", wollte Sven wissen.

„Anna schießt ihn hoch, sie hat einen Schuss wie ein Elefantenbulle, das schafft sie."

Jetzt mussten alle lachen. Doch bevor sie sich versehen hatten, hüpfte der Ball Anna in die Arme.

„Nun gut", sagte sie, „dann werde ich das versuchen."

Am Himmel kreisten ein paar Möwen und ein Flugzeug in großer Höhe, ein feuerroter Doppeldecker. Anna nahm den Ball, holte tief Luft und warf ihn in die Höhe. Die Kugel rotierte um die eigene Achse und sauste dann auf Annas Fuß zu. Das Mädchen trat so fest gegen das Leder, wie sie nur konnte. Der Ball schoss wie eine Rakete nach oben. Schnell wurde er so winzig, als hätte es ihn nie gegeben. Wenig später war auch der Doppeldecker verschwunden.

Mainz — Niemand will Tom die Geschichte mit dem Zauberball glauben

Der Ball war nun nach Italien unterwegs, doch Tom ahnte von all dem natürlich nichts. Wenn er Anna, Sven und Opa Gustav kennengelernt hätte, wäre er sicher überglücklich gewesen. Aber die lebten 1500 Kilometer entfernt von ihm in Schweden. Und der Ball klemmte mittlerweile im Cockpit eines feuerroten Doppeldeckers und spürte den frischen Flugwind auf seiner alten Lederhaut. Für Tom war er unerreichbar.

Der elfjährige Mainzer war heute ganz besonders verzweifelt. Die Szene im Volkspark hatte er nicht vergessen, als sich alle über seinen Wunderball lustig gemacht hatten. Und dann hatte er auch noch den Zauberfußball hergeben müssen.

Aber inzwischen war noch etwas viel Ärgerlicheres passiert. Tom war außer sich vor Empörung.

Als er mit seiner Mutter beim Mittagessen saß, brach es aus ihm heraus. „Diese blöden Idioten. Am liebsten würde ich jeden Einzelnen von ihnen an einen Torpfosten binden und sie dann …"

„Aber Tom", unterbrach ihn seine Mutter, „was ist denn in dich gefahren? So kenne ich dich ja gar nicht, jetzt beruhige dich erst mal und dann erzählst du mir in aller Ruhe, was vorgefallen ist."

Seine Mutter schippte ihm eine extra Portion köstlicher Bratkartoffeln auf den Teller, nahm sich selbst eine Tasse Kaffee und setzte sich ihm gegenüber.

„Ruhe bewahren, das sagt sich so einfach", fauchte Tom und dann erzählte er ihr, was in der Schule passiert war.

Seine Mitschüler hatten ihm heute Morgen einen üblen Streich gespielt, weil sie ihm die Geschichte mit dem magischen Ball nicht glaubten. Sie hatten einen alten Besen auf seinen Stuhl gestellt und ihn mit einem ausgeleierten Kindertrikot dekoriert, auf das sie groß „FC Versager" gepinselt hatten.

An die Kunstfasern des Besenkörpers hatten sie zudem einen Zettel geheftet, auf dem stand: „Hallo durchgeknallter Tom Potter, vielleicht kannst du ja mit diesem Besen deinen Zauberball einfangen?".

„Ich war so wütend", sagte Tom, „dass ich André eins auf die Nase gegeben habe."

„Du hast was?" Seine Mutter blickte entsetzt auf.

„Ja, aber … Ich hab doch nur meinen Zauberball verteidigt", stöhnte Tom.

Wollte oder konnte seine Mutter ihn nicht verstehen? Irgendwie sah sie so aus, als würde auch sie die Geschichte mit dem Ball nicht glauben.

„Tom, mit den Fäusten auf jemanden loszugehen, das ist absolut nicht in Ordnung", sagte seine Mutter, „und das weißt du, Gewalt ist niemals eine Lösung."

Noch ehe seine Mutter zu Ende gesprochen hatte, sprang Tom vom Tisch auf und lief in Richtung Dachboden.

Er ging zu seinem kleinen Stadion hinauf, vergrub sich in seiner Kissenburg und dachte grimmig: „Ihr werdet euch alle noch wundern. Jetzt erst recht. Ich werde doppelt und dreifach so hart trainieren wie alle anderen. Ihr werdet mich eines Tages auf Knien anflehen, dass ich auch nur für zehn Minuten in eurer Mannschaft mitspiele. Euch werde ich es zeigen. Euch allen!"

Tom warf seine Flutlichtanlage an und begann, zornig mit einem Ball zu jonglieren. Seit er dem Zauberball begegnet war, wusste er, was in ihm steckte.

„Bald", da war sich Tom sicher, „bald werden es auch die anderen wissen."

Mit einem wütenden Schuss versenkte er einen seiner Fußbälle in den Maschen des Tores.

Dann biss er die Zähne aufeinander und trainierte weiter. Am liebsten hätte er nie mehr etwas anderes getan.

Sizilien

Der Ball kommt zu Toms Freund, dem dicken Salvatore
Toms Freund Salvatore kämpft zur gleichen Zeit im fernen Italien mit ganz anderen Problemen

„Das darf doch wohl nicht wahr sein", der Junge schaute ungläubig auf den Zeiger der Waage, der sich bedenklich nahe der 60-Kilogramm-Marke näherte.

„Hilfe! Vielleicht hätte ich nach den Spaghetti frutti di mare den Eisbecher weglassen sollen."

Der Elfjährige zog sich sein Hemd über den Kopf und betrachtete sich nun etwas genauer im Spiegel. Er hatte von der italienischen Sonne tief gebräunte Haut, etwas längeres schwarzes, lockiges Haar und ungewöhnlich blaue Augen.

„Aber dieser fiese Rettungsring um meine Hüften, der geht gar nicht", dachte er.

Salvatore lebte mit seinen Eltern in Agrigento, einer mittelgroßen Stadt in Sizilien. Vor einem Jahr waren sie aus Deutschland in die Heimat seiner Eltern zurückgekehrt. Salvatores Vater hatte eine gute Anstellung bei einem reichen Flugzeugsammler gefunden. Von Beruf war er Flugzeugmechaniker. Er hatte an einem Wettbewerb für die Erfindung einmotoriger Maschinen teilgenommen, die nur wenig Benzin verbrauchten, aber doppelt so weit wie andere fliegen konnten. Oder so ähnlich.

Salvatore blickte da nicht so genau durch. Er interessierte sich überhaupt nicht für Flugzeuge. Nicht mal für Doppeldecker, nach denen sein Vater ganz verrückt war. Auch deshalb nicht, weil er seine Freunde Tom und Winston wegen dieser fliegenden Ungeheuer hatte verlassen müssen. Jetzt schraubte der Vater an dem feuerroten Doppeldecker des Adeligen Baron von Pizzapito herum.

Das einzig Schöne, das Salvatore dem Job seines Vaters abgewinnen konnte, war das Grundstück, auf dem er arbeitete. Sooft Salvatore konnte, begleitete er seinen Vater auf das 8000 Quadratmeter große Anwesen. Dort gab es eine Menge zu erkunden. Alte Olivenbäume spendeten im Sommer erfrischenden Schatten.

Ganz besonders aber mochte Salvatore die Allee aus Zitrus- und Orangenbäumen, die so herrlich dufteten. In dem weitläufigen Park des Barons gediehen sogar subtropische Pflanzen wie Gummibäume oder Bananenstauden.

Zu dem riesigen Grundstück gehörte schließlich noch der Hangar, eine Garage für Flugzeuge, Vaters Arbeitsplatz, den Salvatore allerdings aus reinem Protest nur bei einer absoluten Notsituation zu betreten gedachte.

Salvatore hatte Sommerferien. In Italien dauern die Ferien länger als in Deutschland. Die Kinder brauchen drei Monate nicht zur Schule zu gehen, dafür müssen sie ihren Eltern helfen, die Felder zu bestellen und abzuernten, den Pizzateig auszurollen oder Waffeltüten mit Eisbällchen zu füllen. Letzteres hätte auch Salvatore gerne einmal ausprobiert. Ein Bällchen für den Kunden, ein Bällchen für Salvatore.

„Und es ist ja viel zu heiß, um die Schulbank zu drücken, wo einen ja doch nur Moskitos in den Hintern zwicken", lachte Salvatore seinem Spiegelbild entgegen.

Salvatore war in Italien zum Außenseiter geworden. Und das hatte mit seinem Gewicht zu tun.

„Es wäre kein Wunder, wenn du bald platzt", hänselten ihn die anderen Kinder.

Oder schlimmer noch: „Hey, Dickmops, wann bekommst du endlich dein Baby?"

Salvatore redete sich ein, dass ihm das nichts ausmachen würde. Seine Mutter hatte ihn zwar schon häufiger zum Abnehmen überreden wollen. Aber gleichzeitig neigte sie dazu, ihn mit gutem Essen zu verwöhnen. Sie sagte dann so beruhigende Sätze wie: „Wer dich so nicht mag, der hat es auch nicht verdient, dein Freund zu sein!"

Nur il Dottore, der Doktor, machte sich ernsthaft Sorgen. Er erklärte ihm ständig, dass Fettleibigkeit auf die Gelenke ginge und natürlich auf das Herz. Dass er Sport treiben müsse und selbstverständlich weniger essen sollte.

„Der hat gut reden", dachte Salvatore.

Er wollte nichts lieber als Fußballspielen. Doch die Jungs aus seinem Ort trauten ihm nichts zu. Dabei war er in Deutschland ein richtig guter Kicker gewesen. Das sagten zumindest seine besten Freunde Tom und Winston. Damals hatte er allerdings auch ein paar Kilos weniger gewogen. Salvatore war dennoch der Meinung, dass er als rechter Verteidiger auch heute noch wahrlich unschlagbar war. An ihm kam so schnell kein Angreifer vorbei. Die Position war wie geschaffen für ihn. Nur sah das offenbar nur er so. Ihm blieb nichts anderes übrig, als untätig dabei zuzuschauen, wie seine Klassenkameraden auf dem Pausenhof kickten.

„Papino, kann ich heute mit zum Baron von Pizzapito?", rief Salvatore seinem Vater zu.

Noch während er die Frage stellte, rutschte er in einem Affentempo das Treppengeländer herunter.

„Ey, heute so aktiv?", fragte sein Vater.

„Ja, und weißt du auch warum?", konterte Salvatore.

„Nein, das weiß ich nicht, aber das wirst du mir sicher gleich verraten", entgegnete sein Vater.

„Ich habe mich soeben ausführlich im Spiegel betrachtet und festgestellt, dass ich, sagen wir mal, einem kleinen Walross gleiche ...", gestand Salvatore.

„Wer sagt denn so was?", mischte sich jetzt Salvatores Mutter ein.

Sie ließ nichts auf ihren Jungen kommen. Jeder in der Straße wusste, dass man sich besser nicht mit ihr anlegte. Sie konnte zu einer Furie werden, wenn es um die Belange ihres einzigen Sohnes ging.

Ansonsten war seine Mutter eine wahre Heilige. Einmal im Monat trafen sich die Mamminas im Ort, packten allerlei Zeugs wie Pasta, Zucker, Bleistifte, Bettwäsche, T-Shirts, Schulhefte, Ratzefummel oder Babynahrung in große Pakete und schickten diese über den Pfarrer in irgendwelche Elendsviertel nach Brasilien.

„Mamma, keiner der Jungs hat etwas gegen mich", versuchte Salvatore seine Mutter zu beruhigen: „Ich will einfach abnehmen. Was haltet ihr von meinem neuen Motto? Ran an den Speck, das Fett muss weg!"

Beide Eltern fingen gleichzeitig lauthals zu lachen an.

„Soll das ein Witz sein?" prustete Salvatores Vater los.

„Wir sitzen noch nicht im Auto, und schon machst du dich über die Bonbons im Handschuhfach her …"

Salvatores Mutter hörte schlagartig mit dem Lachen auf und sah ihren Mann streng von der Seite an. Sie musterte ihn von oben nach unten und wieder zurück.

„Wenn Salvatore sagt, dass er abspecken will, dann schafft er das auch. Und dir würden ein paar Kilo weniger auch nicht schaden. Heute Abend gibt es leckeren Salat und zum Nachtisch Obst. Und damit basta."

Sie machte die Haustür auf und entließ die beiden. Kopfschüttelnd schloss sie die Tür und überlegte, ob Trennkost vielleicht das Richtige für ihre Familie sei. Damit hatte Onkel Vincenzo immerhin 15 Kilo innerhalb eines Jahres abgenommen.

„Na, ob das so gesund ist", dachte sie und griff zum Telefonhörer, um sich mit il Dottore zu beraten.

Kaum waren der Junge und sein Vater auf dem Grundstück des Barons angekommen, hörte Salvatore schon von Weitem die Jungs auf dem Rasen hinter der großen Hecke wild durcheinanderschreien.

„Sie kicken wieder, hörst du?", hörte er seinen Vater fragen. „Willst du nicht hingehen und mitspielen?"

„Och, nee, gerade heute hab ich nicht so viel Bock", sagte Salvatore schnell.

Für nichts auf der Welt hätte er seinem Vater von all den Hänseleien erzählt, die er tagtäglich über sich ergehen lassen musste.

„Geh du nur in deinen Hangar, ich schau mal nach den Fischen im Teich", zog sich Salvatore aus der Affäre.

Und schon war der Junge um die Ecke verschwunden. Sein Vater schaute ihm nachdenklich hinterher.

Salvatore schlich zu der Hecke. Hier hatten die Jungs ein kleines, ein sehr kleines Loch, wie er feststellen musste, in den Zaun geschnitten. Der alte Baron schien nichts dagegen zu haben, dass sich die Jungs hier zum Kicken trafen. Salvatore sah ihnen eine Weile zu. Marco, der große Dürre mit den abstehenden Ohren, hatte innerhalb kürzester Zeit zum dritten Mal eingenetzt. Aber die Verteidiger waren auch wirklich eine Katastrophe. Salvatore wusste, dass er mindestens zwei von drei Toren verhindert hätte. Aber was nutzte ihm sein Wissen schon? Die Jungs jedenfalls interessierten sich einen Fliegendreck für ihn. Und außerdem würde er niemals durch dieses verflixt schmale Loch im Zaun passen.

„Noch nicht", dachte er, da hörte er seinen Vater rufen.

Sizilien Salvatores Papà fürchtet sich und hilft seinem Sohn

„Salvatore, um Himmels Willen, wo steckst du denn? Himmel noch mal, ich bekomme gleich einen Nervenzusammenbruch. Madonna mia und all ihr lieben Frauen … Salvatore, komm her!"

Salvatore rannte seinem Vater entgegen. So aufgeregt hatte er ihn schon lange nicht mehr erlebt. Das letzte Mal, als seine kleine Schwester vom Baum gefallen war. Mama war damals ganz ruhig geblieben. Doch Papà flippte immer gleich aus.

„Ja, Papà, ich bin hier", schrie er ganz außer Atem.

„Salvatore, Salvatore, du glaubst nicht, was passiert ist. Mein Herz." Dabei griff er sich theatralisch an sein Herz und ging dabei auf die Knie. „Ich, ich habe einen Ball gesehen."

Jetzt konnte sich Salvatore vor Lachen nicht mehr halten. Er ließ sich zu seinem Vater in das hohe Gras plumpsen und wiederholte, was er soeben gehört hatte. Sein Vater, der super Flugzeugmechaniker, hatte einen Ball gesehen. Was sollte daran so besonders sein?

Plötzlich sprang Papà auf und zog Salvatore in Richtung Hangar.

„Hey, hey, Papà, nicht so schnell, wir wollen es mal nicht übertreiben mit den sportlichen Aktivitäten."

Salvatore japste. Auch sein Vater keuchte.

„Salvatore, ich habe da hinten einen Ball gesehen."

Salvatore wollte gerade einen flotten Spruch machen, blieb aber angesichts der bedenklich weißen Gesichtsfarbe seines Vaters lieber still.

„Komm", sagte Papà, „gleich wirst du mich verstehen."

In der Flugzeuggarage war es dunkel. Es roch nach Öl und Metall. Überall lagen Werkzeuge herum. Durch eine kleine Dachluke fielen ein paar Sonnenstrahlen. Salvatore bekam eine Gänsehaut, und das, obwohl es draußen noch locker 40 Grad im Schatten sein mussten.

„Salvatore, hier, schau, hier habe ich den Ball gesehen."

Sein Vater deutete ängstlich in eine Ecke der Garage, in

der sich ein Bretterverschlag befand. Salvatore konnte nichts Außergewöhnliches erkennen. Seine Augen hatten sich an die Dunkelheit gewöhnt. Er sah den Verschlag. Er sah all die Notizen, die sein Vater auf das Holz gepinnt hatte. Er sah Landkarten und Sternenkarten. Der größte Teil des Raumes aber wurde von dem feuerroten Doppeldecker ausgefüllt, der so aussah, als hätte er seine besten Zeiten lange hinter sich.

Und dann sah er ihn: einen alten Lederball.

„Das ist jetzt nicht dein Ernst, oder?", fragte Salvatore. „Wegen dieses alten Dings da machst du einen solchen Aufstand?"

Salvatores Vater schien ihn gar nicht zu hören. Er schlich sich leise wie ein Indianer in Mokassins an den Ball heran. „Mein Papà ist ein wahrer Winnetou", dachte Salvatore und wollte schon wieder in Gelächter ausbrechen. Da sprang ihm etwas ins Auge. Der Ball begann zu leuchten. Im gleichen Moment verschwand sein Vater hinter einer Eisentruhe. Salvatore ging zu dem Ball. Und dann sah er seinen Namen: Salvatore, Italia, Agrigento.

Eine Verwechslung war damit ausgeschlossen.

Salvatore nahm den Ball in seine Hände. Sofort spürte er all die Energie, die ihm vor Monaten abhanden gekommen war, durch seinen Körper strömen.

„Papa, komm raus. Und schau dir an, was dein Junior alles kann."

Salvatore jonglierte mit dem Ball, dann drehte er sich mit ihm in der Hand um seine eigene Achse, bis seinem Vater allein vom Zuschauen schwindelig wurde.

Er nahm das Leder, hielt es mit ausgestreckten Armen von sich und setzte zu einem Schuss an.

Das erschrockene „Neeeeeeeeeeeeeeeeiiiiiiiiiin" seines Vaters kam zu spät. Salvatore schoss den Ball mit voller Wucht aus dem geöffneten Garagentor. Doch leider verfehlte er sein Ziel um zwei Meter, sodass der Ball ein Loch, so groß wie der Einschlag eines Meteors, in der hölzernen Seitenwand hinterließ.

Salvatore rannte dem Ball hinterher.

Sein Vater hatte beschlossen, in der Garage zu bleiben. Aus sicherer Entfernung sah er dem Treiben seines Jungen durch das Loch in der Wand zu.

Und was er da beobachtete, ließ ihn fast schielen. Salvatore war auf einmal ein wahrer Meister am Ball. Ein kleiner Maradona. Jetzt musste sich Salvatores Vater erst einmal den Schweiß von der Stirn wischen. Aber nicht nur er. Auch Marco, der Kapitän der Fußballtruppe, stand mit offenem Mund am Zaun und traute seinen Augen nicht. Das laute Krachen, als der Ball die Garagenwand durchschlug, hatte ihn angelockt.

„Männer, kommt schnell, schaut euch das an, das gibt's doch nicht", rief er völlig aus dem Häuschen nach seinen Kumpels, die langsam angetrottet kamen.

„Geht's auch etwas schneller", kommandierte Marco, „ihr verpasst ja die Hälfte."

Die Jungs kamen nun angerannt und was sie sahen, ließ sie verstummen. Der dicke Junge bewegte sich mit Ball am Fuß, als hätte er nie etwas anderes gemacht. Schnell und behände warf er die Kugel in die Luft, nahm sie mit der Brust an, fing sie mit dem Fuß auf und hielt den Ball geschätzte sieben Minuten in der Luft.

„Wow", sagte Marco, „den müssen wir in unserer Mannschaft haben!"

Die anderen waren zwar auch beeindruckt, aber der Gedanke, dass ausgerechnet der Außenseiter Salvatore bei ihnen mitspielen sollte, missfiel ihnen zunächst noch.

„Mensch, Marco, so dick, wie der ist, walzt er uns alle um", sagte Giuseppe.

„Papperlappap, dick hin oder her, ist doch egal. Der Junge ist stark. So einen brauchen wir. Und keine Widerrede."

„Hast ja recht", gaben die anderen klein bei. Salvatore nahm sie nicht einmal wahr. Er hatte nur noch Augen für den Ball.

Als Salvatores Vater endlich wieder einen normalen Herzschlag verspürte, hatte er es auf einmal eilig. Er schnappte sich seinen Sohn, stieg mit ihm ins Auto und raste, so schnell er konnte, nach Hause.

Salvatore hatte nicht einmal mehr Zeit gehabt, zu protestieren. Er war einfach nur überglücklich. Salvatore hielt den Ball fest umschlungen und niemand auf der Welt hätte ihn ihm entreißen können. Der Ball schien sich ebenfalls wohlzufühlen, er leuchtet abwechselnd grün, rot und weiß – in den Farben Italiens.

Zu Hause angekommen, küsste Salvatore seine Mutter flüchtig auf die Wange und ging direkt ins Bett. Seine Eltern aber blieben noch die halbe Nacht auf, dann endlich hatte sich sein Vater wieder beruhigt.

Am nächsten Morgen war Salvatore früher als gewöhnlich wach. Er schaute auf die Uhr, erst halb acht, alle im

Haus schliefen noch. Salvatore konnte es kaum erwarten, mit seinem Ball vor die Tür zu kommen.

„Ab wann kann ich eigentlich kicken gehen, ohne die anderen zu stören? Himmel, schlafen die lange", dachte er.

Die Zeit schien stillzustehen. Er nahm den Ball vorsichtig in seine Hände, schaute ihn sich von allen Seiten an und da erschien – erst verschwommen und dann ganz deutlich – der Name von Tom, Deutschland, Mainz.

„Das bilde ich mir doch nur ein", dachte Salvatore.

Genauso schnell wie der Name erschienen war, verschwand er auch wieder.

„Oder sollte das etwa ein Zeichen sein? Ich werde meinem alten Freund Tom auf jeden Fall einen Brief schreiben", beschloss der Junge.

Diese Überraschung würde Tom bestimmt freuen.

Da hörte Salvatore seine Mutter in der Küche hantieren. Er sprang aus dem Bett, zog sich ein T-Shirt über, schlüpfte in seine Jogginghose, band sich hastig die Schuhe zu und spurtete mit Ball in der Hand die Treppe runter.

„Salvatore, du bist ja schon wach", sagte seine Mutter erstaunt, „Frühstück ist gleich fertig."

„Ich brauche kein Frühstück, Mamma, ich gehe hinters Haus kicken."

Salvatores Mutter sah ihm erstaunt nach. Das hatte sie von ihrem Sohn zum letzten Mal in Mainz gehört.

Salvatore versuchte auf dem Hof vor dem Haus gerade zum vierundfünfzigsten Mal, den Ball aus zwölf Meter Entfernung in die Mülltonne zu kicken, da hörte er, wie Marco fragte: „Hey, kommst du mit zum Baron?"

Salvatore sah sich um. Außer Marco war niemand in der Nähe. Salvatore traute seinen Ohren nicht, hatte Marco tatsächlich ihn gemeint?

„Was ist?" Marco ließ nicht locker. „Abfahrt ist in fünf Minuten, wir treffen uns bei Rosario, vergiss dein Fahrrad nicht."

Salvatore war hin- und hergerissen zwischen Freude und dem Schreck darüber, dass er die ganze weite Strecke bis zum Anwesen des Barons mit dem Fahrrad zurücklegen sollte. Wo war sein Fahrrad überhaupt? Er hatte es zum letzten Mal vor knapp einem Jahr in Mainz benutzt, als er sich mit Winston und Tom zum Kicken traf.

„Mamma", rief Salvatore, „ich geh mit den Jungs zum Baron. Weißt du, wo mein Fahrrad ist?"

Salvatores Mutter war ganz aus dem Häuschen. „Natürlich weiß ich das. Es steht im Schuppen."

Salvatore holte sein Rad aus dem Hüttchen, staubte es schnell mit einem alten Lappen ab und pumpte die schlaffen Reifen auf.

Vorsichtshalber packte er noch eine Zange auf den Gepäckträger, falls es ihm nicht gelingen sollte, sich durch das Loch im Zaun des Barons zu zwängen.

Gut gelaunt radelte Salvatore los.

„Das geht ja besser, als ich gedacht habe. Fahrradfahren verlernt man eben nicht", grinste er vor sich hin.

Salvatore verbrachte einen wunderschönen Tag mit den Jungs in der Parkanlage. Es hätte nicht besser laufen können. Gegen Nachmittag allerdings machten sich die Jungs auf ins Schwimmbad.

„Nein, nein, mir ist nicht nach Schwimmen", wiegelte Salvatore ab.

So weit, dass er sich freiwillig in Badehose gezeigt hätte, war er noch nicht. Er radelte lieber nach Hause und konnte es kaum erwarten, seinem Freund Tom einen Brief zu schreiben:

„Lieber Tom,

Du darfst mich nicht für völlig plemplem halten, wenn Du meinen Brief gelesen hast.

Zunächst war ja ALLES BESCHISSEN in Italien. Ich wollte kicken, aber die anderen wollten nicht. Und da hab ich halt, statt zu kicken, Badewannen voll Spaghetti gegessen."

„Was schreib ich denn da?", dachte Salvatore, „das versteht doch kein Mensch."

Er schrieb weiter: „Ist natürlich Quatsch, na jedenfalls hab ich jetzt einen Zauberfußball gefunden, oder besser, mich hat ein Zauberfußball gefunden, der leuchtet und auf dem Dein Name stand. DEIN NAME. Kennst Du den Ball etwa? Hast Du vielleicht schon in Deinem Stadion mit ihm gekickt? Ich kann jetzt wieder richtig gut kicken, und stell Dir vor, die Jungs lassen mich mitspielen, und sie holen mich von zu Hause ab. Ist das zu wirr? Ich wünschte, Du könntest hier sein, Dein Salvatore."

Salvatore las sich den Brief noch zweimal durch, befand ihn für brillant und steckte ihn in einen Umschlag. Tom würde sich riesig über eine Nachricht von ihm freuen, das war sicher.

Den Rest der Ferien verbrachte Salvatore fast ausschließlich auf der Straße und im Park des Barons. Er kickte mit seinen neuen Freunden, wann immer sie Zeit finden konnten.

Salvatore wurde zum festen Bestandteil der Mannschaft. Mit seinen Abwehrkünsten und Marco im Sturm waren sie ein Super-Team. Oft spielten sie mit dem Zauberball, der allerdings bei den anderen nichts von seinen magischen Kräften zeigte. Die kuriosen Leuchtzeichen konnte nur Salvatore sehen – und auch nur, wenn er und die Kugel ganz alleine waren.

Doch im Lauf des Sommers hatte sich für Salvatore etwas Wichtiges geändert. Mit jedem Kilo, das er verlor, wuchs sein Selbstbewusstsein. Und nach ein paar Wochen spielte er ohne Zauberball genauso genial wie mit der magischen Kugel.

„Das habe ich alles dir zu verdanken", sagte er eines Morgens zu seinem runden Freund. Es war noch früh und einigermaßen kühl, die Strahlen der Sonne hatten noch wenig Kraft. Salvatore hörte ein merkwürdiges Geräusch, es kam zweifelsfrei aus dem Innern seines Balles. Salvatore nahm die Kugel in die Hand und schaute in freudiger Erwartung, was wohl diesmal passieren würde.

„Vielleicht gibt der Ball ja einen Ton von sich?", dachte Salvatore gespannt.

„Komm", spornte er den Ball an. „Bleib nicht stumm wie ein Fisch, sonst kommst du auf den Mittagstisch."

Salvatore wartete voller Ungeduld.

„Willst du mir was sagen?", redete er den Ball an. „Hallo? Hallo?"

Salvatore klopfte vorsichtig an die Lederhaut.

Plötzlich geschah es. Zwischen den Nähten zog feiner Nebel auf. Dann löste sich der Nebel in nichts auf und gab die Oberfläche des Balles frei.

Dort war ein neuer Name aufgetaucht:
Bebeto, Brasilien, Sao Paulo.

Salvatore wusste, dass dies den Abschied vom Ball bedeutete. Aber merkwürdigerweise war er überhaupt nicht traurig. Ganz im Gegenteil. Er war so voller Dankbarkeit, dass ihm gar nicht in den Sinn kam, dass der Ball sein Eigentum hätte sein können. Vielmehr ahnte er, dass es sich hierbei um eine heimliche Mission handelte und dass es sicher noch viele andere Kinder gab, die den Ball gebrauchen konnten.

Und da hatte er auch schon eine Idee, wie sein neuer Freund sein Ziel erreichen würde. Er packte ihn kurzerhand in eines der Pakete, die seine Mutter am Vorabend für all die armen Kinder in Brasilien vorbereitet hatte.

„Jetzt wirst du Bebeto in Brasilien finden", sagte er lachend zu seinem kleinen Freund, der es sich in der Schachtel gemütlich machte.

Dann zog er zum ersten Mal in diesem Sommer seine Badehose über und betrachtete sich stolz im Spiegel.

„Das kann sich sehen lassen", grinste er und schlug sich dabei auf den Bauch. „Nun sind wir bereit für all die Menschenmassen."

Sein Bauch war nahezu verschwunden.

Salvatore schnürte die Badehose noch ein wenig enger zusammen. Dann schwang er sich auf sein Fahrrad und machte sich auf den Weg ins nahe gelegene Freibad. Heute würde er vor aller Augen auf das Fünf-Meter-Brett steigen. Und dann seine Freunde mit dem elegantesten Kopfsprung aller Zeiten überraschen.

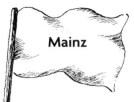

Mainz

Tom will auf dem Fußballplatz groß auftrumpfen und muss klein beigeben

Während Salvatore zur alten Form zurückfand, hatte Tom in Mainz hart trainiert. Stunde um Stunde verbrachte er mit einem Ball auf dem Dachboden oder in einem Park in der Mainzer Neustadt. Er fühlte sich gut, sehr gut sogar.

Das Training hatte sich bezahlt gemacht. Sein Schuss war so präzise wie nie. Er konnte eine Coladose spielend auf zwanzig Meter Entfernung treffen. Und nicht nur das. Er schaffte es sogar, den Ball für mindestens 40 Minuten über dem Boden zu jonglieren, während er gemächlich durch den Park spazierte. Das alles sah super lässig aus. Das würde ihm so schnell keiner nachmachen, schon gar nicht die Blödmänner aus der Kicker-Clique. Und das Allerbeste: Er hatte sogar einen Fußballrap einstudiert – mit irren Rhythmen.

„Das wird die Jungs aus den Schuhen hauen", dachte er.

„Heute werde ich es ihnen auf dem Platz zeigen, und wenn sie mir dann zu Füßen liegen", dachte Tom, „dann werde ich vielleicht auch noch meinen Song zum Besten geben."

Voll Vorfreude machte sich Tom auf in den Volkspark in der Oberstadt. Hier trafen sich heute die Besten der Besten, um mal wieder ein kleines Stadtteilturnier auszuspielen. Als der Junge im Volkspark ankam, reagierten die andern Jungs leider wie erwartet.

Höhnisch begrüßten sie ihn: „Und, Mr. Tom Potter, heute ohne Zauberkugel unterwegs?"

„Ach, stimmt ja", schlug sich ein anderer mit theatralischer Geste vor den Kopf, „der Ball ist ja weggeflogen."

Ein Dritter ritt auf einem imaginären Besen um Tom herum. Die Jungs schlugen sich beim Lachen anerkennend auf die Schultern.

„Genau so, als hätten sie gerade ein großes mathematisches Problem gelöst", fuhr es Tom durch den Kopf.

„Ihr könnt euch eure blöden Sprüche sparen", sagte er, „zeigt mir lieber auf dem Platz, was ihr draufhabt."

Die anderen wieherten vor Lachen.

„Bevor wir dich mitspielen lassen, nehmen wir doch lieber die kleine Marie, sollte sie heute noch auftauchen. – Aber das geht ja gar nicht", überschlug sich Julians Stimme fast, „die kleine Marie kann ja gar nicht kommen, sie sitzt ja noch im Laufstall."

Als hätte Julian, der Boss der Clique, den besten Witz des Jahrhunderts gerissen, applaudierte er sich selbst und feuerte die anderen an, in seinen Applaus einzustimmen. So standen sie eine ganze Weile herum.

„Habt ihr es bald?", fragte Tom. Er war kurz davor, wieder jemandem das Nasenbein mit seiner Faust zu richten. Doch er kämpfte mit eiserner Entschlossenheit dagegen an, sich provozieren zu lassen.

„Den Triumph gönne ich denen nicht", dachte Tom, „das sind doch sowieso alles nur Hosenscheißer, wenn's drauf ankommt."

Entschlossen stemmte er die Arme in die Seite und rief

der grölenden Menge zu: „Gut, wie ihr wollt. Dann trete ich eben gegen den besten Spieler an. Er gegen mich, eins gegen eins."

Die Jungs warfen ihm mitleidige Blicke zu. Dann bildeten sie tuschelnd einen Kreis und schoben einen kleinen, schmächtigen Jungen aus ihrer Mitte, der in etwa so viele Muskeln vorzuweisen hatte wie ein gerade aus dem Nest gefallener Spatz.

„Tom Potter, wie wäre es mit dem? Na komm, witterst du schon eine klitzekleine Chance?"

Die Jungs hielten sich die Bäuche vor Kichern.

„Wenn das alles ist, was ihr zu bieten habt, na bitte", sagte Tom ungerührt.

Tom grinste in sich hinein. Er sah sich in Gedanken seinen Gegner schon mit einem genialen Übersteiger ausspielen, wie er es bei den besten Brasilianern gesehen hatte. Sprich, er täuschte einen Spielzug so geschickt an, dass sein Gegner ins Leere lief und in Sekundenschnelle passiert wurde. Danach pfefferte er die Kugel lässig ins Tor.

„Tom, hallo Tom. Hast du die Hosen voll oder was ist mit dir?"

„Hallo Toooom."

Jemand versetzte dem Jungen einen Stoß.

Seine Fantasie zerplatzte wie eine schillernde Seifenblase.

„Alles klar Leute, ich bin voll da." Er fühlte sich immer noch ein bisschen wie ein Brasilianer.

Inzwischen hatten die Jungs ein Fußballfeld markiert. Je zwei Jacken bildeten die Torpfosten. Julian warf eine Münze.

„Kopf oder Zahl?", rief er Tom zu.

„Kopf!"

Julian schlug die rechte Hand, in der sich die Münze befand, auf den Rücken der Linken. Dann linste er darunter, zog die Hand weg. Die Münze wurde sichtbar.

Er grinste: „Zahl!"

„Mist", dachte Tom, „der Beginner ist klar im Vorteil."

Dann beruhigte er sich: „Macht nichts, dieser Floh ist kein Gegner für mich. Den puste ich mit einem Ausatmen weg."

Julian stieß einen schrillen Pfiff aus, den Anpfiff.

Tom und der Kleine standen sich jetzt wie zwei Gladiatoren gegenüber, die ihren entscheidenden letzten Kampf ums Überleben führten. Zwischen ihnen war nichts als die Kugel.

„Uuuuuuuunnnnnnnnnnnnnnnnd, auf geht's", rief Julian.

Noch ehe sich Tom versah, hatte der Kleine ihn mit einer simplen Körpertäuschung nach links stehen lassen – noch weit entfernt von einem Übersteiger oder ähnlichen Profitricks. Der Floh war lässig rechts an ihm vorbeimarschiert und hatte den Ball in Zeitlupe ins Tor rollen lassen. Die Menge jubelte. Tom hörte ein paar Abrakadabra-Rufe. Das sollte wohl besonders lustig sein.

Tom konnte nichts dagegen machen. Er bekam feuchte Hände. Dennoch ließ er sich nicht beirren. Er nahm tapfer den Ball auf und lief damit zur Mittellinie.

„Das war höchstens ein kurzer Blackout", sprach er sich Mut zu. Immer mehr Teilnehmer des Turniers füllten den Kreis um Tom und den Winzling. Tom hatte Anstoß. Er machte sich mit Ball am Fuß die zehn Meter Richtung Tor auf. Doch der Kleine kam angeschossen, nahm ihm spielend leicht die Kugel ab. Die frühe Führung schien ihm Flügel zu verleihen, so kam es jedenfalls Tom vor, dem langsam die Panik in den Nacken kroch.

Mit Mühe eroberte er sich die Kugel zurück. Doch der Winzling wirbelte wie eine wild gewordene Hornisse um ihn herum und brachte den Ball wieder unter seine Kontrolle. Dann schaltete er den Turbo zu und umspielte Tom wie eine Slalomstange. Schließlich schob er den Ball noch langsamer als beim ersten Mal über die Linie. Der kleine Kicker riss jubelnd die Arme hoch. Er konnte es kaum fassen, endlich mal bei einem Gegner die Nase vorne zu haben.

Jetzt höhnte die Menge erst recht los. Aus dreißig Kehlen ertönte spöttisch: „Auf Wiedersehen. Auf Wiedersehen." Und weil's so schön war, sang die Meute: „Ohne Mama hast du keine Chance. Ohne Mama hast du keine Chance." Ein paar Abrakadabra-Rufe durften natürlich auch nicht fehlen.

„Dieser widerliche Knirps spielt mich an die Wand", dachte Tom. Wer zuerst fünf Tore schoss, hatte das Spiel gewonnen. Tom musste sich dringend steigern. Seine Beine wurden immer schwerer. Wie ein geprügelter Hund schleppte er sich zum Anstoßpunkt.

„Sehr, sehr gut, Mr. Potter", rief im jemand zu.

„Ein Zaubertrank gefällig?", ergänzte ein anderer und hielt ihm einen leeren Plastikbecher hin.

Und eine weitere Stimme rief: „Ein wahres Naturtalent … ein neuer Star am Fußballhimmel … wenn das der Bundestrainer sehen könnte …"

Tom fühlte sich elend. Der Schweiß tropfte ihm von der Stirn. Wutentbrannt stürmte er nach vorne. Doch innerhalb weniger Sekunden hatte der grinsende Wicht ihm den Ball abgejagt. Tom hatte das Gefühl, sein Gegner dribbelte ihm einen Knoten in die Beine. So ging das eine Weile. Dann verstolperte der Kleine überraschend den Ball. Das war Toms große Chance. Er wetzte schnurstracks aufs Tor zu, holte aus und semmelte voll am Ball vorbei. Das rechte Bein schoss in die Höhe, mit dem linken verlor Tom das Gleichgewicht. Wie ein nasser Sack krachte er voll auf den verlängerten Rücken.

Autsch. Ein jäher Schmerz durchzuckte ihn. Für ihn war das Spiel vorbei.

Tom kämpfte mit den aufsteigenden Tränen. Alles grölte.

Julian, der Anführer, kam auf ihn zu und half ihm auf.

Er sprach ihn direkt an, so laut, dass es auch wirklich jeder hören konnte. „Okay Tom, du hast zwar verloren, aber ab sofort darfst du immer mitspielen. Immer."

Das „immer" betonte er ganz komisch.

„Denn weißt du, Tom", sagte Julian weiter, „so einen wie dich können wir hervorragend an unsere Gegner verleihen. Eine Mannschaft, in der du mitspielst, gegen die kann man gar nicht verlieren."

Dann ließ er seine Hände los und der Kleine verpasste ihm noch einen Stups, sodass er wieder auf seinem Allerwertesten landete.

Jetzt legte die Menge erst richtig los.

„Abrakadabra. Tom Potter hat ausgezaubert." Und: „Auf Wiedersehen. Auf Wiedersehen."

Tom stand mit tränennassen Augen auf, stolperte an den anderen vorbei. Er konnte gerade noch einem gestellten Bein ausweichen. Dann humpelte er gebeugt davon.

Aus der Ferne hörte er, wie die Jungs zum zweiten Mal „Auf Wiedersehen" anstimmten. Dann zum dritten und zum vierten Mal.

Diese verächtliche Verabschiedung sollte ihm noch lange im Kopf herumspuken. Von wegen „schlimmer kommt's nimmer".

Er hatte gerade die übelste Demütigung seines Lebens kassiert.

Mainz Tom erlebt die ersehnte Genugtuung

Tom rannte, so schnell ihn seine Beine trugen, nach Hause. Er riss die Haustür auf und ließ sie mit vollem Karacho ins Schloss fallen.

„Tom, was ist denn passiert?", rief seine Mutter. „Bist du von allen guten Geistern verlassen, mich so zu erschrecken."

Er wollte seine Mutter ignorieren und sich auf direktem Weg auf seinen Dachboden verziehen, doch sie packte ihn an seinem T-Shirt und zerrte ihn sanft, aber bestimmt in die Küche.

„Jetzt bleibst du aber mal hier und erzählst mir, was eigentlich mit dir los ist", sagte sie. „Erst prügelst du dich in der Schule. Dann sperrst du dich bei diesem wunderschönen

Wetter tagelang auf dem Dachboden ein. Und nun kommst du nach Hause und benimmst dich, als wären 1000 Teufel gleichzeitig hinter dir her. Also, was ist passiert?"

„Ach ja, und falls dir das nicht klar sein sollte", fügte sie noch schnell hinzu: „Ich will die ganze Geschichte hören und nicht nur die abgespeckte Version für die Eltern."

Tom merkte, wie er sich bei dem Gedanken erleichtert fühlte, endlich alles erzählen zu können. Er legte los, erzählte ihr von dem Tag, an dem er den Ball entdeckt hatte, erzählte ihr von all den Namen, die wie durch Geisterhand erschienen waren, von seinen unglaublichen Tricks, zu denen er plötzlich in der Lage war. Er berichtete ihr von seinem traurigen Abschiednehmen im Volkspark. Von seinem Trainingseifer. Von seinem neu gewonnenen Selbstbewusstsein. Von all den fiesen Typen, die ihn nicht mitspielen lassen wollten. Und zu guter Letzt von der schlimmsten Demütigung seines Lebens. Nichts, aber auch nicht das Geringste verschwieg er ihr. Seine Mutter hörte erstaunt zu, ohne ihn auch nur ein einziges Mal zu unterbrechen. Ihr Blick wurde nachdenklicher und nachdenklicher.

Als Tom geendet hatte, stand seine Mutter wortlos auf, nahm sich ein Taschentuch aus dem Küchenschrank und fing an, sich umständlich die Nase zu putzen.

„Tom", begann sie endlich zu sprechen: „Ich mache mir Sorgen um dich."

Dabei sah sie ihn an, wie sie ihn immer ansah, wenn sie glaubte, ihn beim Schwindeln ertappt zu haben.

Nur dieses Mal lag zusätzlich noch eine Spur Mitleid in ihrem Blick.

Tom traute seinen Augen und Ohren nicht. Glaubte sie etwa, dass er sich das alles nur eingebildet hatte?

„Tom", setzte seine Mutter erneut an: „Wenn man sich etwas ganz besonders doll wünscht, dann passiert es manchmal, dass man glaubt, man hätte es bekommen, obwohl das gar nicht der Fall ist. Das geht jedem mal so."

Sie seufzte: „Aber es ist gut, dass du mir davon erzählt hast, dann können wir gemeinsam …"

„Mama", rief Tom laut und ungläubig, als müsse er sie aus einem Traum wachrütteln, „du denkst doch nicht etwa, dass ich mir die ganze Geschichte nur ausgedacht habe?"

Tom fühlte sich, als hätte ihn ein D-Zug angefahren.

Er hörte nur noch mit halbem Ohr zu. Seine Mutter glaubte ihm nicht! Das war nun wirklich der Gipfel!

„… und Tischtennis oder Badminton, sind auch ganz tolle Sportarten …", sagte sie.

Tom nickte seiner Mutter zu und hörte sich wie ferngesteuert reden: „Ja, du hast sicher recht, du brauchst dir um mich keine Sorgen zu machen. Gleich morgen werde ich mich mal nach Tischtennis erkundigen. Fußball ist echt nicht so wichtig."

Dann stand er auf, quälte sich ein Lächeln ab und machte, dass er so schnell wie möglich auf seinen Dachboden kam.

Oben angekommen, schmiss er sich auf seine Kissenburg und dicke Tränen der Enttäuschung liefen ihm die Wange herunter.

Seine Mutter würde die Geschichte gleich heute Abend seinem Vater erzählen und wenn er ganz großes Pech hatte, würden sie sogar einen Kinderpsychologen zurate ziehen. Oder noch verheerender, eine Super-Nanny ins Haus holen, die ihn von seinen Hirngespinsten befreien sollte.

„Tischtennis. Badminton. Super-Nanny. Was für ein Blech. Wenn sie mich einfach nicht verstehen wollen, kann ich ihnen auch nicht helfen", dachte er trotzig.

Über all diese tonnenschweren Gedanken schlief er schließlich ein. Er träumte von unendlich vielen verschossenen Elfmetern, seine Bälle flogen meilenweit am Tor vorbei oder kullerten dem hämisch grinsenden Torwart einfach so in die ausgestreckten Arme. Das ganze Stadion grölte, die Zuschauer stimmten die La Ola an, zogen sich Tom-Potter-Masken über und winkten mit ihren Besenstielen.

Schweißgebadet wachte Tom mitten in der Nacht auf. Auf dem Weg in sein Zimmer hörte er seine Eltern miteinander sprechen.

Sprachfetzen drangen an sein Ohr: „... müssen uns mehr um ihn kümmern ... Opa Norbert ... deine Schuld ... Salvatore ... Winston ... Tischtennisschläger kaufen."

Tom hatte genug gehört, er schlich weiter, bog aber kurz vor seinem Zimmer ab und tappte die Treppe runter in Richtung Haustür. Warum er das tat, daran konnte er sich später auch nicht mehr erinnern. Es war wie eine Art Eingebung.

Er ging schnurstracks zum Briefkasten und schloss ihn auf, und dann hielt er ihn in den Händen: ein Lebenszeichen seines besten Freundes aus Italien. Salvatore hatte ihm geschrieben. Er riss den Umschlag auf, entfaltete hastig das Papier und was er darauf las, ließ ihn zu einem der glücklichsten Jungen in ganz Mainz werden.

Salvatore hatte den Ball getroffen. Alles war wahr.

„Ich bin kein Spinner, ich bin keeeeeeeeeeiiiiiiiiiiiii-nnnnnnnnnn Spinner!", rief er gerade so laut, dass seine Eltern es nicht hören konnten. Übermütig setzte er noch ein „Heeeey. Hoooo" hinten dran. Die anderen konnten ihn mal. Die ganze Welt konnte ihn mal.

Dann fasste er einen Entschluss: „Ab heute werde ich nur noch mit Salvatore über den Zauberball sprechen. Und ich gebe nicht auf, bis ich das Rätsel gelöst habe."

Plötzlich rauschten die Ideen wie ein Funkenregen auf ihn nieder. Alles war unendlich aufregend. Tom schmiedete einen Plan.

Brasilien

Bebeto schlägt sich durchs Leben

Einen Plan hatte auch Bebeto in Brasilien, vor allem einen, mit dem man Geld verdienen konnte. Nun war er schon die dritte Nacht in diesem Monat nicht nach Hause gekommen. Seine Mutter, oder Maē, wie Mütter in Brasilien im Allgemeinen genannt wurden, würde vor Sorge noch ganz krank werden.

José Roberto da Silva wurde 1994, in dem Jahr also, als Brasilien zum vierten Mal Fußballweltmeister wurde, in den Slumvierteln von Sao Paulo, in den sogenannten Favelas, geboren. Jeder nannte ihn einfach nur Bebeto, nach einem brasilianischen Fußballspieler, der 1989 zu Südamerikas Fußballer des Jahres gewählt wurde. Jener Bebeto, der 1994 im Trikot der Brasilianer den Pokal des Weltmeisters in Händen hielt. Was für ein begnadeter Spieler. 41 Mal donnerte er für die Nationalmannschaft die Kugel in die Maschen. Und 41 Mal schallte ihm von den Rängen des Stadions der Torjubel entgegen.

Wenn das kein Name für einen brasilianischen Jungen war, der einmal ein von allen bewunderter Kicker werden wollte.

Von der Verwirklichung seines Traums war der kleine Bebeto rund fünf Kilometer entfernt. Denn so weit erstreckte sich das Elendsviertel in alle erdenklichen Richtungen. Ein endloses Meer aus Blech, Plastik und Müll. An seinen Ufern begann das bessere Leben.

Zumindest hatten die Menschen dort genug Geld. Und regelmäßig zu essen. Anders als Bebeto, der immer Hunger hatte.

Er war ein halbes Straßenkind. Heute hatte er mal wieder außer Haus geschlafen. Er musste mit seiner Jugend-Gang auf Einkaufstour gehen. Eine gebräuchliche Umschreibung für Diebstahl.

Die Jungs ergaunerten für ihre Familien das Nötigste und wenn dabei ein neues Handy oder eine Uhr abfiel, hatten sie auch nichts dagegen. Denn sein eigentlicher Job als Schuhputzer warf bei Weitem nicht das ab, was eine Großfamilie zum Leben brauchte. Und Bebeto war zwar erst 14, aber im Grunde seit acht Jahren Mitverdiener. Inzwischen manchmal sogar Hauptverdiener. Er kannte es nicht anderes.

Seit dem Auszug seines Vaters vor fünf Jahren fühlte sich

Bebeto verantwortlich für seine Familie. Seine Maẽ mühte sich zwar redlich, seine sechs Geschwister und ihn zu ernähren, aber ihr Lohn als Näherin reichte hinten und vorne nicht. Und an manchen Tagen hatten sie noch nicht einmal Bohnen zu essen. Heute aber würde er genug Geld mitbringen, dass sie seine Leibspeise – Feijoada, Bohnen mit Fleisch – kochen konnten.

Bebeto schlich sich im Morgengrauen nach Hause. Vorbei an all den heruntergekommenen Wellblechhütten und Plastikverschlägen, die noch nie bessere Zeiten gesehen hatten. Er hüpfte über eine große Pfütze, wich einem streunenden Hund aus und war ständig auf der Hut, damit ihn nicht einer der verfeindeten Gang-Mitglieder entdecken und überfallen und ihm womöglich sein Geld abnehmen würde.

Die meisten Kinder und Jugendlichen in seinem Viertel gehörten organisierten Jugendgangs an. Viele verbrachten ihre Zeit mit mehr oder weniger kleinen Räubereien.

Im Morgengrauen sah sein Wohnviertel noch trostloser aus als tagsüber, wenn wenigstens die Sonne schien und sich helles Licht in den verstaubten Straßen fing.

Überall roch es nach Farbe. Viele Leute, die Bebeto kannte, verdienten sich ihr Geld damit, dass sie mit bloßen Händen für irgendwelche reichen Firmen Farbe in Metallbehältern mischten. Was die anschließend damit machten, wusste Bebeto nicht.

„Ist mir sowieso egal. Wenn ich erwachsen bin, werde ich ganz bestimmt nicht mehr hier wohnen", dachte er gerade, als er seinen Cousin mit einem Korb voll mit Früchten um die Ecke biegen sah.

„Hey Bebeto, wo soll's denn hingehen so früh am Morgen? Bist du etwa auch auf dem Weg zur Kirche?"

„Stimmt ja", dachte Bebeto, „heute wird ja wieder mal so etwas Spannendes wie Erntedankfest gefeiert."

In den Favelas, wie überhaupt in ganz Brasilien, waren die Menschen sehr religiös. Sie glaubten an Engel und Schutzpatrone, denen sie ihre Sorgen anvertrauten und um deren Fürsprache sie baten. Obwohl die Slum-Bewohner kaum etwas hatten, waren die meisten von ihnen doch bereit, etwas abzugeben – etwa am Erntedankfest. Dann trugen sie dem lieben Gott zu Ehren alle möglichen Speisen in die Kirchen, die anschließend an die Ärmsten der Armen verteilt wurden.

„Nein, warum sollte ich in die Kirche gehen?", fragte Bebeto scheinheilig.

„Sollten wir die Lebensmittel nicht besser behalten?", provozierte er und setzte dann noch einen drauf: „Sag mir einfach Bescheid, wenn du einen triffst, der noch ärmer ist als wir. Dann bring ich demjenigen höchstpersönlich Früchte aus unserem Garten vorbei."

„Das wird deine Mutter aber nicht gerne hören", antwortete der Cousin und machte sich, um das Gespräch abzuwürgen, schleunigst davon.

Bebeto hatte diese Gespräche schon tausendfach mit seiner Mutter geführt. Sooft es ihre Zeit zuließ, ging sie zum Beten in die Kirche.

„Und für was meine Maẽ alles betet", dachte Bebeto genervt, „für ein zufriedenes Leben, für Gesundheit, genug zu essen, eine glückliche Zukunft, für ihre Kinder, für alle

Freunde, das ganze Viertel, alle Heiligen und Verwandten. Und wahrscheinlich für die ganze Welt."

Und änderte sich dadurch etwas?

Bebeto hatte seine ganz eigene Sicht. Wenn er aus den Slums herauskommen wollte, musste er die Ellenbogen einsetzen und sich selbst helfen. Für ihn gab es nur ein Ziel: Eines Tages würde er in einer Jugendmannschaft der Portuguesa Sao Paulo spielen. Dann war er ein gemachter Mann.

„Und wie um Himmels Willen soll mir der liebe Gott dabei behilflich sein?", fragte er sich: „Er hat bestimmt genug andere Sorgen!"

Damit war für ihn das Thema beendet. Aber heute würde er seiner Mutter zuliebe mit in die Kirche gehen.

„Bebeto, wo kommst du her? Es wird noch ein schlimmes Ende mit dir nehmen."

Seine Mutter brach in Tränen aus. Bebeto liebte seine Maẽ über alles, und Tränen waren das Letzte, was er ertragen konnte.

„Maẽ", antworte er deshalb in liebevollem Ton, „ich war mit den Kumpels unterwegs und habe Schrott verkauft. Meine Einnahmen vom Schuheputzen waren so gering, dass ich noch einen Zusatzjob annehmen musste. Das ging aber nur nachts. Aber sieh mal, was ich dir alles mitgebracht habe."

Er krempelte die Taschen seiner abgewetzten Stoffhose von innen nach außen. Zum Vorschein kamen einige Silbermünzen und sogar zwei Scheine. Stolz strahlte der Junge seine Mutter an.

„Ich habe keine Ahnung, wie du dein Geld verdienst, Bebeto, und ehrlich gesagt, will ich das auch nicht so genau wissen", sagte seine Mutter, „aber sieh dich nur an. Dein T-Shirt hängt in Fetzen an dir. Es sieht aus, als wärst du in eine Schlägerei geraten. Deine Haare sind ganz zerzaust und …"

„Aber Maē", unterbrach sie Bebeto, „wir sehen doch alle so aus. Als ich gestern aus dem Haus gegangen bin, war das doch nicht anders."

Seine Mutter schaute ihn lange mit traurigen Augen an und sagte: „Als du gestern aus dem Haus gegangen bist, wolltest du dich mit deinen Freunden zum Kicken treffen und am frühen Abend zurück sein."

Das stimmte natürlich, fuhr es Bebeto durch den Kopf. Er war nicht unbedingt der Verlässlichste. Es sei denn, es ging um Fußball. Kicken war seine große Liebe. Es verging kein Tag, an dem er nicht auf dem Bolzplatz zu finden war. Er ging morgens früh aus dem Haus, putzte für zwei Stunden anderer Leute Schuhe, rannte zum Markt, kaufte dort Obst und Gemüse für die Familie und verbrachte den Rest des Tages mit Kicken. Das aber auch nur dann, wenn er nicht gezwungen war, sich auf illegalem Wege ein paar Pesos dazuzuverdienen.

Nur mit Ball am Fuß fühlte er sich so richtig glücklich. Er war im gesamten Viertel dafür bekannt, dass sein Fuß die Kugel magisch anzog. Kaum ein Spiel, in dem er nicht das entscheidende Tor schoss. Heimlich träumte er davon, einmal wie sein großes Vorbild Ze Roberto erst bei Portuguesa Sao Paulo zu spielen und dann nach Europa zu gehen. Er würde seine ganze Familie reich machen und den einen oder anderen Nachbarn noch dazu. Er würde in einem weichen Bett schlafen und hätte richtige Schuhe an. Vielleicht würde seine Mutter ihn begleiten, obwohl er sich nicht so recht vorstellen konnte, dass sie sich in einem anderen Land wohlfühlen würde.

„Bebeto", riss seine Mutter ihn aus seinen Gedanken. „Was hältst du davon, wenn du mich heute in die Kirche begleitest?"

„Aber das mache ich doch gerne", antwortete er mit Unschuldsmiene. „Deswegen bin ich doch extra so früh nach Hause gekommen."

Und schon war der traurige Blick aus Maẽs Augen verschwunden.

„Bebeto, mein Stern, das würdest du tatsächlich tun?", fragte sie.

„Und ob. Also, auf geht's", antwortete er grinsend.

Bebeto nahm den Korb, der gefüllt war mit ein paar wenigen Früchten aus ihrem klitzekleinen Garten, und rannte wie der Blitz aus der Tür.

„Halt, mein Lieber", rief sie ihm nach: „So kannst du nicht aus dem Haus gehen, du musst dich gefälligst noch umziehen. Was sollen denn die Nachbarn denken?"

Auf dem Weg zur Kirche begegneten ihnen viele ihrer Nachbarn und Freunde. Sie hatten sich fein gemacht. Ihre Kleidung schien sauberer als an normalen Tagen. Einige hatten sich zur Feier des Tages sogar gewaschen und versucht, ihre lockigen Haare zu bändigen. Ausnahmslos jeder trug einen Korb – und sei er noch so klein.

„Wie kann das sein?", dachte Bebeto. „Wir haben oft tagelang nichts zu essen, und dann das."

Er ließ seinen Blick über das Wohnviertel gleiten. Der Sommerregen hatte die meisten Wellblechdächer zerstört. Es gab keine Türen und wenn, dann konnte man sie sowieso nicht abschließen, da weit und breit keine Schlösser aufzutreiben waren. Die Hütten hatten nur vereinzelt Fenster, die mit gemusterten Tüchern oder Plastik zugehängt waren.

Einige der Häuserfassaden waren bunt gestrichen, da der eine oder andere die Farbe, die er anmischte, an seinem eigenen Haus ausprobierte, bevor er sie weiter verscherbelte.

Das alles konnte nicht über die Armut der Favelas hinwegtäuschen. Es gab keine asphaltierten Straßen, sondern nur Staub, wohin das Auge blickte. Der Müll wurde fast nie abgeholt, höchstens verbrannt. Es stank unangenehm. Während der Regenzeit verwandelten sich alle Wege in Schlammpisten.

„Aber der Schlamm, der quietscht so schön zwischen den Zehen, da kann man echt froh sein, dass man keine Schuhe hat", grinste Bebeto in sich hinein, als sie am Sportplatz vorbeikamen. Auch heute tummelten sich seine Freunde auf dem heiligen Rasen. So nannten sie ihn zumindest. Auch wenn sich auf dem Bolzplatz nicht annähernd so etwas wie ein Rasen befand, sondern ausschließlich Schotter und Sand. Die Tore bestanden aus zwei in den Boden gestampften Baumpfählen, die die älteren Jungs irgendwie und irgendwoher besorgt hatten. Netze gab es keine. Eckfahnen auch nicht. Egal. Bebeto liebte diesen Ort am allermeisten von allen Orten auf dieser Welt.

„Ich wünschte, du würdest mehr Zeit auf dem Bolzplatz verbringen", sagte seine Mutter gerade. „Und nicht immer mit diesen Jungs herumlungern. Wenn du ein richtig guter Kicker werden willst, dann musst du auf Gott und Jesus vertrauen und üben, üben, üben. Alles andere kommt dann von selbst. Hörst du, Bebeto?"

Bebeto sah seine Mutter von der Seite an. Sie hatte unerschöpfliches Vertrauen in seine Stärken, sie unterstütze ihn, wo es nur ging. Feuerte ihn sogar an.

Endlich waren sie in der Kirche angekommen.

Der Pfarrer begrüßte jeden mit Namen. Zu Bebeto sagte er mit einem Augenzwinkern: „Na, junger Mann, was macht die Karriere? Die fußballerische meine ich natürlich!"

Bebeto wurde ein wenig verlegen, denn er wusste, dass der Pfarrer über seine, wie überhaupt über alle nächtlichen Aktivitäten seiner Schafe Bescheid wusste.

„Geht schon", sagte Bebeto schnell. „Irgendwann ist ja wieder mal Sichtungstraining und dann komme ich ganz groß raus. – Wenn der liebe Gott das so will", fügte er noch verschmitzt hinzu und suchte sich schnell einen Platz in den vorderen Reihen.

Die Predigt zog sich hin. In den hinteren Bänken hörte Bebeto ältere Frauen klagen und bitten. So genau konnte er das nicht auseinanderhalten. Er war hundemüde und hatte ein riesiges Loch im Magen. Beinahe wäre er eingeschlafen, wenn der Gesang ihn nicht munter gehalten hätte. Schließlich verließen die Gläubigen ihre Bänke und gingen in einer kleinen Prozession zum Altar, um dort ihre Gaben abzulegen.

Seine Mutter schubste ihn von der Seite an. „Los Bebeto, du bist dran, bring dem lieben Gott unsere Opfer dar."

Gelangweilt und widerstrebend machte er sich auf den

Weg. Er war nicht oft in der Kirche. Was hier gepredigt wurde, hatte mit dem harten Leben auf der Straße nichts zu tun. Da nämlich überlebte nur der Stärkere. Da konnte der Pfarrer erzählen, was er wollte. Trotzdem mochte er den Geistlichen. Er war ein anständiger Kerl und freute sich, wenn Bebeto und seine Jungs in der Messe erschienen, obwohl er wusste, dass sie das eine oder andere krumme Ding drehten.

Als Bebeto am Altar ankam und sein Blick all die leckeren Speisen erfasste, überkam ihn wie so oft ein Gefühl maßloser Ungerechtigkeit. Manche Menschen hatten so viel und andere hatten nichts. „Das kann der liebe Gott doch nicht wollen", zweifelte er.

Er schaute auf all die Früchte. In einem Korb lagen Acerola, diese Kirschen waren voller Vitamin C. Das wusste Bebeto, weil ihn seine Mutter jeden Morgen zwang, eine Handvoll davon zu essen. Daneben entdeckte Bebeto einen Korb voll mit Jenipapo. Aus den grünen Früchten konnte man eine schwarz-blaue Flüssigkeit gewinnen, eine Art Tinte, mit der er sich schon, zum Entsetzen seiner Mutter, Abzeichen von seinen Lieblingsclubs auf den Körper gemalt hatte.

„Hm, wie lecker", dachte er, „Umbu, meine Leibspeise." Immer wenn er Geld übrig hatte, hielt er Ausschau nach den Händlern mit ihren großen Netzen, in denen sich diese kleinen gelb-grünen Früchte befanden. Am liebsten hätte er in dem süß-sauren Fruchtfleisch gebadet.

„Bebeto", räusperte sich der Pfarrer, „du kannst deinen Korb jetzt abstellen und wieder zurück an deinen Platz gehen."

Bebeto fühlte sich ertappt. Sein Gesicht nahm die Farbe einer kirschförmigen Acerola an. Er nickte kurz verlegen und machte sich schleunigst auf den Weg zurück zu seiner Mutter.

Die Messe langweilte ihn. Am liebsten wäre er in die Sakristei gegangen und hätte sich über den Messwein und das Essen hergemacht. Er wusste natürlich, dass ihn seine Mutter allein schon für seine Gedanken gesteinigt hätte. „Aber wenn der Pfarrer zu Ende gepredigt hat, gehe ich auf jeden Fall noch mal in die Sakristei", dachte Bebeto. Vor drei Wochen hatte er dort einen Laib Brot mitgehen lassen. Heute würde er bei all der Auswahl etwas ganz besonders Leckeres von dort zum Abendessen beisteuern können.

Der Pfarrer redete und redete, Bebeto hörte überhaupt nicht zu. Etwas anderes nahm seine gesamte Aufmerksamkeit in Anspruch. Er horchte angestrengt in Richtung Sakristei.

„Was war das?" Er nahm ein dumpfes Geräusch wahr.

„Der Radau klingt wie ein Einbruch", dachte er. „Hoffentlich sind das nicht die Jungs, die aus der Sakristei schon mal 'ne Pulle Wein mitgehen lassen."

Er sah sich um. Die Menschen um ihn herum schienen den Krach überhaupt nicht wahrzunehmen. War Bebeto verrückt geworden? Litt er vor Hunger und Müdigkeit unter Verfolgungswahn? Hörte er Geräusche, wo gar keine waren? Da plötzlich wurde es lauter, der Pfarrer räusperte sich erneut und schaute dabei in seine Richtung. Schnell blickte Bebeto seine Mutter an, sie hatte nichts bemerkt.

„Wie lang geht das denn noch?", fragte er sich gerade, als

sich die Gemeinde erhob, sich an den Händen fasste und den Frieden wünschte. Die Messe war endlich vorüber.

Bebeto konnte es kaum erwarten, bis sich die Kirche geleert hatte. Es schien eine Ewigkeit zu dauern, bis sich die Gemeindemitglieder voneinander verabschiedet hatten.

„Maē", sagte Bebeto, „ich habe total vergessen, dass ich noch schnell etwas mit meinem Cousin besprechen muss." Dabei bedrängte er sie, schon mal vorzugehen und das Essen zu richten. „Ich komme später nach und bringe noch etwas Leckeres vom Markt mit."

Mittlerweile hatte sich die Kirche geleert. Bebeto schlich zum Hintereingang der Sakristei. Er verschwendete keinen Gedanken daran, dass das, was er vorhatte, irgendwie kriminell sein könnte. Er hatte Hunger und die Kirche war voll mit Lebensmitteln. Das war in seinen Augen eine Gleichung, die aufzugehen schien.

Bebeto schaute sich um, horchte, nahm einen Stein vom Boden auf und zerschlug damit eine kleine Scheibe, die gerade groß genug war, dass er problemlos hineinklettern konnte.

Der Junge sah sich um. In der Sakristei standen die gefüllten Körbe herum, die die Messdiener dort deponiert hatten. All die leckeren Speisen schienen nur darauf zu warten, von ihm mitgenommen zu werden. Kein Korb war geplündert worden. Jetzt fielen ihm die Geräusche wieder ein, die er während der Andacht gehört hatte. „Die Jungs waren nicht hier", dachte er, „die hätten den Laden sicher auseinandergenommen."

Bevor er sein T-Shirt auszog, um es zu einer Tragetasche zusammenzuknoten, stopfte er zwei Hände voll Nüsse in sich hinein und schob noch eine lange Wurst hinterher.

Köstlich. Das Loch im Magen füllte sich. Das Erntedankfest war ihm auf einmal gar nicht mehr so unsympathisch. Zur Feier des Tages stibitzte er noch eine Flasche Messwein aus dem Holzschrank. Gerade als er eine zweite Flasche aus dem Regal nehmen wollte, sah er ihn.

Brasilien

Bebeto ändert sich

„Hey Bebeto, der Kirchenbesuch scheint sich für dich ja mächtig gelohnt zu haben. Sieht so aus, als hättest du den Hauptgewinn des Tages gezogen!" Bebetos Cousin grinste herausfordernd, blickte auf Bebeto, dann auf den Ball. Dann wieder auf Bebeto.

„Gelohnt, wieso gelohnt?", äffte er seinen Cousin nach und hielt den Ball fest umschlungen. Vor lauter Aufregung über seinen Fund hatte er das Diebesgut in der Kirche liegen lassen. Er war schleunigst mit dem Ball unter dem Arm aus dem eingeschlagenen Fenster geklettert und hatte dabei weder nach links noch nach rechts geschaut – und eben deshalb seinen Cousin nicht gesehen.

„Den Ball habe ich vor der Kirchentür gefunden, ehrlich."

„Alles klar und der Papst ist ein Chinese", gab der Cousin zurück. „Trotzdem viel Spaß beim Kicken."

Bebeto hatte nur Sinn für den Fußball. Das war nicht irgendein Ball, sondern ein echter. Prall mit Luft gefüllt. Für

Bebeto war dieser Ball das Schönste, was er jemals gesehen hatte.

Bebeto hatte es auf einmal eilig. „Ich muss nach Hause. Maē wartet."

Dann machte er sich schleunigst auf den Weg zum Bolzplatz. Er hörte gar nicht mehr, dass sein Cousin aufgeregt irgendetwas von einer zerbrochenen Scheibe hinter ihm herrief.

Bebeto konnte sein Glück kaum fassen. Der kleine Einbruch war ein echter Glückstreffer. „In der Kirche muss ich öfter mal vorbeischauen", nahm Bebeto sich vor. Jetzt würde er den Ball erst einmal einweihen. Er hatte schon mit allem gespielt. Mit Blechdosen, zusammengeschnürten Lumpen und manchmal sogar mit Plastikbällen. Dieser Ball aber war etwas ganz Besonderes.

„Er ist aus Leder", gluckste er vor lauter Freude, „und wie er duftet. Jaaaaaaaaaaaaaaaaaaaaaaaaaaaaaaaaaaa!" So etwas Wunderbares hatte er noch nie in der Hand gehabt.

Zaghaft, wie es sonst gar nicht seine Art war, warf er den Ball in die Luft und wollte ihn anschließend wieder auffangen. Doch denkste, der Ball kam mit einem Affenzahn auf ihn herabgeschossen und verfehlte ihn nur um Haaresbreite.

„Ups, was ist denn das?", dachte Bebeto.

Er nahm den Ball erneut auf und wollte ihn auf seinen Füßen tanzen lassen. Barfuß hielt er ihn hoch in der Luft. Der Ball kullerte leblos von seinem Spann. Überrascht hob Bebeto das Leder auf und legte es sich auf die Stirn. Jetzt versetzte ihm der Ball einen Stoß, als wolle er ihm eine Kopfnuss verpassen. Bebeto rieb sich verdutzt die schmerzende Stelle.

Hatte er einen Sonnenstich? Oder stimmte hier etwas nicht? „Okay, letzter Versuch."

Bebeto visierte das Tor an, feuerte einen Schuss ab. Doch der Ball beschrieb eine völlig unberechenbare Flugbahn. Er schlug einen Bogen und landete in der Pampa. Dann machte er ein paar Sprünge und war verschwunden. Bebeto brauchte eine halbe Stunde, um ihn wieder aufzuspüren.

„Dieser Scheißball", dachte Bebeto. „Dir werde ich es zeigen."

Der Junge legte die Kugel vor sich, nahm einen seiner gefürchteten Anläufe. Mittlerweile waren ein paar Kumpels auf dem Bolzplatz eingetroffen und schauten seinem Treiben zu. Bebeto spurtete auf den Ball zu und packte seinen Hammer von Schuss aus. Mit voller Wucht trat er gegen den Ball. Doch der bewegte sich keinen Millimeter, als würde er aus Beton bestehen und wäre fest im Boden verankert. Ein höllischer Schmerz schoss durch seinen Körper. Doch was noch schlimmer war: Von seinem eigenen Schwung getragen, segelte Bebeto wie ein flügellahmer Vogel über den Ball hinweg, ruderte hilflos mit den Armen und schlug mit dem nackten Bauch in einer brackigen Pfütze auf. Das Wasser spritzte zwei Meter hoch. Und Bebeto war über und über mit Schlamm bedeckt. Die dreckige Pampe lief ihm sogar in die Ohren. Trotzdem hörte er noch dumpf das Gekicher seiner Kumpels.

Bebeto rappelte sich auf. Wutentbrannt stürmte er auf den Ball zu. Ohne auf seine Kumpels zu achten, packte er das widerspenstige Leder und rannte davon.

In sicherer Entfernung ließ er sich erschöpft auf den Boden fallen und wischte sich den Schlamm aus den Augen.

„Das ist ja ein schöner Mist", dachte er. „Was ist das für ein komischer Ball?"

Bebeto war zwar nicht fromm, aber er fragte sich nun, ob er mit dem Einbruch in die Kirche nicht einen Schritt zu weit gegangen war und der liebe Gott ihn mit dieser Blamage bestraft hatte.

„Das bilde ich mir doch nicht alles nur ein?", grübelte er. Die Kugel war ihm unheimlich. „Soll ich sie besser zurückbringen?", dachte Bebeto. Er stand auf und rieb sich den von der Mittagssonne getrockneten Schlamm, so gut es ging, vom Körper.

Dann versuchte Bebeto, den Ball aufzuheben. Doch der schien auf einmal Tonnen zu wiegen. Bebeto keuchte und schwitzte. Doch all seine Mühe half nichts, der Ball blieb, wo er war. Der Junge wünschte den Ball gerade zur Hölle, da hörte er eine Stimme.

„Bebeto", rief ihm der Pfarrer in eisigem Tonfall entgegen, „ich habe dich überall gesucht. Du hast dein T-Shirt in der Sakristei liegen lassen. Es war noch voll mit Lebensmitteln."

Er drückte Bebeto das T-Shirt wortlos in die Hand, drehte sich brüsk um und machte sich auf den Rückweg.

Bebeto fühlte sich ertappt. Alles war schiefgelaufen.

„Padre, warten Sie einen Moment", sagte der Junge beinahe flehentlich. Sein Einbruch war aufgeflogen. So kurz angebunden war der Pfarrer sonst nie. Der Geistliche blieb stehen, drehte sich um und schaute Bebeto fast schon mitleidig an.

„Kann es sein, dass du mir vielleicht etwas erzählen willst?", fragte er.

„Ich gebe alles zu", sagte der Junge mit gesenktem Blick, „ich bin in die Sakristei eingebrochen und habe den Ball geklaut. Aber das Fenster habe ich nicht zerbrochen."

Kaum hatte Bebeto das ausgesprochen, bewegte sich der Ball blitzschnell und prallte mit Wucht gegen seine Stirn. Bebeto fiel zu Boden. Dabei ging ihm ein Licht auf.

„O weia, das war bestimmt für meine Lüge", wurde ihm klar. „Das scheint der Ball nicht zu mögen. Und der Pfarrer weiß auch Bescheid." Bebeto schämte sich wie noch nie in seinem Leben. Er gestand alles. Der Pfarrer verzog keine Miene, bis er geendet hatte. Auch der Ball blieb ganz ruhig liegen.

Der Mann Gottes sah ihn scharf an. „Eigentlich müsstest du dafür drei Wochen lang den Kirchenboden schrubben. Du bist nicht der Einzige, der Hunger hat. Den haben alle, die heute in der Kirche saßen. Aber nur du kamst auf die Idee, mich zu bestehlen."

Bebeto schielte auf den Ball, um eine weitere Attacke rechtzeitig abwehren zu können. Inzwischen war er bereit, jede Strafe zu akzeptieren.

„Und nun?", fragte er den Geistlichen kleinlaut.

„Die Opfergaben", antwortete der Pfarrer, „sind für den lieben Gott und für all diejenigen, denen es noch viel schlechter geht als dir – und glaube mir, Bebeto, die gibt es. Denk nur mal an den alten Pedro, der nicht mal mehr zwei Beine hat, oder an Estrela, die seit der Geburt taub ist. Denkst du wirklich, dass du ärmer dran bist als sie?"

Bebeto schaute betreten zu Boden.

„Bebeto", redete der Pfarrer weiter, „du bist gesund und stark und ein fantastischer Kicker, du kannst es aus eigener

Kraft schaffen, hier herauszukommen. Den Ball werde ich dir lassen", meinte er. „Ich habe den Eindruck, dass er genau der richtige Freund für dich ist."

Der Pfarrer nahm den Ball in die Hand. Offenbar hatte er keine Angst vor der eigensinnigen Kugel, die auf einmal eine angenehme Wärme verströmte.

„Die Welt ist voller Wunder", sagte der Pfarrer und es klang wie ein kleines Gebet.

Er drückte Bebeto den Ball in die Hand. „Das hier ist ein großes Geschenk, um das dich Millionen Kinder beneiden würden. Verspiel es nicht", sagte er mit einer Strenge, die Bebeto durch Mark und Bein ging.

Dann drehte sich der Geistliche um und ließ Bebeto mit vor Scham glühenden Wangen einfach stehen.

Der Junge schaute dem Pfarrer eine Weile nach.

„Er hat recht", dachte er schon nicht mehr ganz so kleinlaut. „Ich kann es schaffen."

Vorsichtig blickte er in Richtung Ball. „Und du mein Freund", sagte er nun wieder mutiger, „du wirst mir dabei helfen. Oder?"

Und als ob der Ball ihn verstanden hätte, leuchtete auf einmal Bebetos Namen auf seiner Oberfläche auf.

Brasilien — Bebeto will endlich Profi-Kicker werden

Bebeto und der Ball wurden die dicksten Freunde. Mit seinem neuen Kumpel am Fuß war er ein wahrer Artist. Er hatte so viel Zeit mit dem Ball verbracht, dass ihm die unglaublichsten Kunststücke gelangen. Wenn der Junge auf dem Bolzplatz auflief, versammelte sich mittlerweile eine kleine Menschenmenge. Alle wollten ihn sehen. Ein paar findige Jungs hatten Podeste gezimmert, auf denen die kleinen Kinder standen. Andere kletterten auf Mülltonnen oder stellten sich auf kaputte Autos. Wieder andere lagen auf Wellblechdächern.

Bebeto genoss die bewundernden Blicke. Selbst der Pfarrer bestaunte seine Künste. Manchmal gab Bebeto kleine Solovorstellungen. Es war ihm ein Leichtes, mit dem Ball stundenlang zu jonglieren. Er ließ ihn auf seinem Kopf tanzen, von Schulter zu Schulter hüpfen, beugte sich nach vorne und fing ihn mit dem Nacken auf. Dann schnippte er ihn wieder nach oben, stoppte ihn auf der Stirn, ließ ihn über den Rücken nach unten rollen und kurz bevor der Ball den Boden berührte, kickte er ihn mit der Hacke nach oben über den Kopf und fing ihn mit dem Spann wieder auf. Dabei schlenderte er ganz locker über den Bolzplatz.

Die Zuschauer konnten sich an ihm und seinen Tricks einfach nicht sattsehen. Am Ende jeder Solovorstellung forderten sie: „Mach uns den Bebeto-Spezial.“

Dazu klatschten sie rhythmisch in die Hände, zunächst

noch verhalten, dann immer lauter, bis sich Bebeto allmählich bequemte, seine beste Nummer zu präsentieren. Jeden Tag ließ er sich ein bisschen länger bitten. Schließlich konnte auch dem Publikum ein wenig Ausdauertraining nicht schaden.

Bebeto legte den Ball auf die Strafraumlinie. Dann wurde es mucksmäuschenstill. Er ging drei Schritte zurück. Kurzer Anlauf. Dann chippte er den Ball gegen die Latte, genau mit so viel Gefühl, dass der Ball, wie von einer unsichtbaren Schnur gezogen, zu ihm zurücksprang. Danach ließ er ihn von der Brust abprallen. Und schoss ihn direkt aus der Luft erneut gegen die Latte. Nach fünf Wiederholungen knallte er den Ball ins Tor. Dieses unglaubliche Meisterstück gelang nur Bebeto.

Am Ende seiner kleinen Show drehte er sich stets um, joggte zur Mitte des Platzes und vollführte dort ein kleines Sambatänzchen. Erst nachdem er eine Verbeugung Richtung Publikum angedeutet hatte, war es der Menge gestattet, in frenetischen Applaus auszubrechen.

Bebeto machte seinem berühmten Namensvetter alle Ehre. Die Brasilianer waren nicht umsonst als die besten Ball-Künstler auf Erden bekannt.

Bebetos unglaubliches Talent sprach sich schnell herum. Sogar in der Großstadt Sao Paulo hatte man bereits von der großen Hoffnung der Favelas gehört. Bebetos Mutter platzte fast vor Stolz.

Es dauerte nicht lange, da kreuzte ein Talentscout, also ein Sichtungstrainer, in den Favelas auf. Schon früh am Morgen kündigte der Pfarrer höchstpersönlich Herrn Endrike Carlos an. Alle schienen viel aufgeregter als Bebeto. Ihm war klar, dass sich täglich Tausende von Kindern und Jugendlichen zum Vorspielen für Sichtungslehrgänge bewarben, doch nur maximal 25 wurden ausgewählt und davon schafften es vielleicht acht in die Jugendmannschaften von Portuguesa Sao Paulo. Das war der Verein schlechthin.

Doch Bebeto war ganz cool.

„Locker bleiben", dachte er. „Ich habe den besten Ball von allen Bällen dieser Erde an meiner Seite. Und den lieben Gott – oder den Pfarrer – was in diesem Fall ja eindeutig das Gleiche ist." Der Junge musste grinsen.

Bebeto konzentrierte sich auf das Spiel. Schnell waren zwei Mannschaften zu je zehn Spielern eingeteilt. Gerade als seine Gegenspieler sich ihre T-Shirts – zur besseren Unterscheidung der beiden Teams – über den nackten Oberkörper ziehen wollten, kam Bebetos Mutter auf den Platz gelaufen. Sie hatte eine große Überraschung für ihn.

In ihrem Korb befanden sich eine Art Leibchen, zusammengenäht aus gleichfarbig Lumpenresten, die sie extra in Nachtarbeit für den heutigen Tag genäht hatte. Das hatte es in den Favelas noch nicht gegeben. Die Kinder fühlten sich, als trugen sie echte Trikots. Und schon beim Anpfiff hatte Bebeto völlig vergessen, dass er heute unter besonderer Beobachtung stand.

Jetzt hatte er nur noch eines im Sinn: Er wollte alles dafür tun, dass seine Mannschaft dieses Spiel gewann. Bebeto hatte einen Riesenlauf. Er schoss insgesamt acht Tore. Mit den Gegnern konnte man Mitleid haben, obwohl sie tapfer kämpften. Beim letzten Tor hatte Bebeto die komplette Hintermannschaft samt Tormann ausgespielt. Dann legte er sich auf den Bauch und schob den Ball ganz sachte mit dem Kopf über die Torlinie.

Das Spiel endete 9:3 für Bebetos Mannschaft. Die Zuschauer waren außer sich. Der Jubel wollte gar nicht enden. Bebetos Mutter hatte Tränen in den Augen. Ihr Sohn wurde von seiner Mannschaft in die Luft geworfen.

Nach diesem genialen Auftritt wollte Herr Carlos Bebeto unbedingt verpflichten.

„Dieses Super-Talent muss einfach bei uns spielen", rief er aus. Und alle Zuschauer klatschten noch lauter.

„Endlich bekommt einer von uns die Chance, es ganz nach oben zu schaffen", dachten die meisten.

Überall ertönten „Bebeto, Bebeto"-Rufe. Eine halbe Stunde später hatte der Junge einen Vertrag in der Tasche.

Für einen Kicker aus den Favelas waren die Bedingungen ein Traum. Bebeto würde im Internat in Sao Paulo leben, hatte ein bis zwei Mal am Tag Training und musste abends für zwei Stunden die Schule besuchen. Seine Mutter und seine Familie bekamen genug Geld vom Verein, sodass sie nie mehr hungern mussten. In drei Wochen schon sollte es losgehen.

Am nächsten Morgen wachte Bebeto ausgeschlafen und extrem gut gelaunt auf. Wie immer galt sein erster Blick dem Wunderball. „Wie lange bist du eigentlich schon bei mir?", fragte er den Ball, als seine Mutter nach ihm rief. „Bebeto, kommst du heute wieder mit in die Kirche? Wir haben so viel Glück gehabt, jetzt müssen wir Gott dafür danken."

„Na, wenn es sie glücklich macht", dachte Bebeto gutmütig. „Aber nur wenn ich meinen Fußball mitnehmen darf", rief er seiner Mutter zu. Gespannt lauschte er auf die Antwort.

„Der liebe Gott wird dir diesen Ball geschickt haben, also hat er auch nichts dagegen, wenn du ihn mit in sein Haus nimmst", antwortete sie lachend.

Bebeto zog sich blitzschnell an, nahm den Ball unter den Arm und begleitete seine Mutter zur Kirche. Alles schien wie bei seinem letzten Kirchenbesuch, nur dass sie diesmal keine Gaben niederlegten. Wieder machte Bebeto die Predigt müde. Wieder hielten ihn die vielen Gesänge wach. Gegen Ende der Messe gingen alle gemeinsam zur Heiligen Kommunion.

Der Pfarrer sah ihn freundlich an. Sein Einbruch schien endgültig verziehen.

Doch der Friede währte nicht lange. Plötzlich fing der Ball an zu zucken. Es war Bebeto unmöglich, ihn festzuhalten. Die Kugel hopste ihm aus dem Arm und rollte zielstrebig zur Sakristei. Der Junge wollte dem Leder hinterherstürzen, aber als er den mahnenden Blick des Pfarrers sah, ließ er es lieber bleiben.

„Ich habe nach der Messe noch genug Zeit, um mich um den Ausreißer zu kümmern", vertröstete er sich auf später.

Als alle Gemeindemitglieder endlich einzeln – und zu allem Übel jeder persönlich – per Handschlag von dem Pfarrer verabschiedet wurden, hielt es Bebeto kaum noch aus. Er hatte die letzten fünfzehn Minuten zappelnd auf seiner Holzbank verbracht und unaufhörlich zur Sakristei gestarrt. Bebeto konnte weder etwas sehen noch drang auch nur der geringste Laut aus dem hinteren Raum. Endlich trat der Pfarrer an ihn heran.

„Na, da wollen wir doch mal schauen, wo dein runder Weggefährte abgeblieben ist", schmunzelte er.

Dann hielt er inne, sah Bebeto an.

„Keine Lügen mehr?" Der Pfarrer hielt dem Jungen die Hand hin.

Bebeto verstand. Er schlug ein. „Keine Lügen mehr."

„Gut, dann suchen wir jetzt den Ball."

Sie gingen gemeinsam in die Sakristei. Bebeto schaute in jeden Winkel, durchsuchte die Schränke, blickte unter den Tisch, hinter die bunten Vorhänge, die ein Regal verdeckten. Dann hob er einen leeren Karton auf, durchwühlte Wäscheberge und gemeinsam rückten sie eine schwere Kommode zur Seite.

Doch nichts. Der Ball schien wie vom Erdboden verschluckt. Erschöpft stellten sie sich ans offene Fenster, um ihre Lungen mit Frischluft zu füllen.

Da sahen sie ihn beinahe gleichzeitig. Der Ball hopste seelenruhig den Schotterweg entlang. Er sprang dabei fröhlich auf und nieder, ohne dass sich jemand daran störte.

„Halt, warte auf mich", rief Bebeto dem Ball zu. Er hob gerade zum Sprung aus dem Fenster an, als er vom Pfarrer am Arm zurückgehalten wurde.

„Schau", sagte der Pfarrer. „Siehst du, da auf deinem Ball, siehst du, wie merkwürdig hell er leuchtet? Es scheint aus dem Inneren zu kommen."

Und jetzt sah es Bebeto auch. Das gut gelaunte Rund leuchtete in den gleichen Farben wie vor ein paar Tagen, als sein Name und sein Wohnort auf dem Ball aufgeblitzt waren.

„Schnell." Bebeto zog den Pfarrer aufgeregt an seinem Gewand.

„Können Sie lesen, was auf dem Ball steht? Sie müssen sich beeilen, sonst ist er um die Ecke gebogen, bitte", flehte Bebeto ihn an.

Der Pfarrer kniff die Augen zusammen und tatsächlich, er konnte den Schriftzug entziffern. „Jenny Kalifornien" stand da in großen Lettern. Der Ball schien zum Hafen zu wollen.

„Der liebe Gott hat bestimmt eine neue Aufgabe für ihn", sagte der Pfarrer.

„Mann, was für eine Geschichte. Manchmal lohnt es sich, in die Kirche zu gehen", ergänzte Bebeto schmunzelnd.

„Grüß Jenny von uns", riefen die beiden dem Ledergesellen nach.

Die Kugel hatte es plötzlich sehr eilig. Sie schlängelte sich zwischen Füßen, Pfoten und Autorädern hindurch, bis sie das blaue Meer sah.

Am Kai lag der stählerne Rumpf eines ausländischen U-Bootes. Die Matrosen begannen, Trossen und Leinen zu lösen. Passanten und Schaulustige bestaunten das Unterwasserschiff. Der Ball machte einen riesigen Sprung und landete im noch offenen Kommandoturm.

Kaum einer hatte es bemerkt. So schnell geschah das alles. Wenig später legte das U-Boot ab und nahm Fahrt auf.

Als es majestätisch in den schäumenden Fluten versank, erinnerten sich viele Brasilianer noch an den Namen des Schiffes. USS California.

Mainz **Tom findet eine verschlüsselte Botschaft**

Der Ball hatte mittlerweile das Leben von Anna in Schweden, Salvatore in Italien und Bebeto in Brasilien durcheinandergewirbelt. Nun war er im stählernen Bauch eines Unterseebootes auf dem Weg zur amerikanischen Westküste. Überall hinterließ er glückliche Kinder und geheimnisvolle Spuren. Doch niemand wusste, was es mit dem magischen Globetrotter auf sich hatte. Seit wann gab es ihn? Was hatte er all die Jahre getrieben? Wen hatte er kennengelernt? Nur einer versuchte, dem Rätsel auf den Grund zu gehen: Tom in Mainz.

„Um dem Geheimnis des Balles auf die Spur zu kommen, muss ich erst mal sein Versteck finden", dachte Tom. „Es muss hier auf dem Dachboden sein. Irgendwo kam der Ball ja her." Die Kugel mochte über magische Fähigkeiten verfügen, aber Wände konnte sie nicht durchschlagen, auch keine Dachlatten. Und schon gar nicht so, dass sich das Loch nachher wieder schloss und nichts mehr zu sehen war.

Tom schob die Kissen zur Seite und verließ seinen Lieblingsplatz im Stadion auf dem Speicher. Dann legte er los. Er stieg auf Stühle und Türme, suchte Tunnel und Nischen ab, kroch in jeden Winkel seiner geheimen Stadt. Alle Latten und Bretter überprüfte er darauf, ob sie locker waren. Dann durchstöberte er jede Ritze, tastete jede Unebenheit ab, durchwühlte jeden Schrank und jede Kiste.

Nichts. Einfach nichts. Das konnte nicht sein. Tom ließ

sich nicht beirren. Seit er Salvatores Brief bekommen hatte, war er geradezu euphorisch.

„Für jedes Rätsel gibt es eine Lösung", murmelte Tom. Ein Satz, den er bei seinem Mathelehrer aufgeschnappt hatte.

Um sich den Kopf freizupusten, hopste er ein wenig herum, wie der Ball es in seinem Übermut immer getan hatte. Dann ging er langsam zu dem Rap über, den er geübt hatte, bevor die spottende Meute über ihn hergefallen war.

Tom schob den Schirm seiner Kappe nach hinten und rappte rhythmisch vor sich hin.

„Der Ball ist mein Freund. Mein Freund ist der Ball.
Irgendwann gibt's 'nen Knall.
Und ich fliege ins All.
Der Ball ist mein Freund. Mein Freund ist der Ball.
Jeder denkt, ich hätt' 'nen Knall.
Aber heut erstaun ich euch all."

Als Mikro hatte er wieder sein Lineal genommen. Er machte sich einen Spaß daraus, durch alle Zimmer und Tunnel zu rappen, auf dem Rücken, in der Hocke, auf dem Bauch. Inzwischen war er im Meisterzimmer angelangt. Dort, wo er dem Ball zum ersten Mal begegnet war.

Der zerknautschte Karton stand noch immer herum, hinter den er sich ängstlich geduckt hatte und in den der Ball mit voller Wucht hineingekracht war. Damals fürchtete er noch ein Ungeheuer.

Tom musste schmunzeln. Seine gute Laune war unzerstörbar.

Jetzt verwandelte sich das Lineal in einen Schlagzeugstock. Tom bearbeitete damit einen Stützbalken. Und stutzte. Das klang komisch. Tom trommelte noch einmal auf den Balken. Dann wusste er Bescheid.

Der Balken war hohl. Der Junge blickte nach oben. Dort, wo der Balken den Giebel abstützte, klaffte etwas Dunkles, von unten kaum zu erkennen. Der Blickwinkel war ungünstig.

„Das muss ein Loch sein. Da ist ein Loch", rief Tom aufgeregt.

Der Rest war nicht schwer. Er kramte eine alte Leiter aus dem Gerümpel, schob sie an den Balken und kletterte rauf.

Jetzt konnte er seine Stadt von oben sehen. Tom stand fast vier Meter über dem Dachboden. Gott sei Dank war er schwindelfrei. Tom sah sich die Lücke im Holz genauer an. Seine Vermutung war richtig gewesen. Hier oben gab es ein Geheimversteck.

Behutsam schob er seine Hand in die Aushöhlung. Hier hatte der Ball leicht hineingepasst.

Aber wie war er dort hingekommen?

Tom tastete das Geheimfach noch einmal ab. Er fingerte im Staub und in Spinnweben herum. Plötzlich huschte eine dicke Spinne aus dem Loch. Sie hatte haarige Beine und einen plumpen Körper, an dem noch ein paar vertrocknete Fliegenbeine klebten. Tom zuckte zurück. Die Leiter schwankte. Er ruderte mit den Armen, drohte in die Tiefe zu stürzen. Im letzten Moment krallte er sich an dem Balken fest.

Seine Knie schlotterten. Glücklicherweise hatte sich die Leiter kaum verschoben. Er fand wieder Halt.

Nachdem er sich beruhigt hatte, nahm er seinen ganzen

Mut zusammen und fasste erneut in das Fach. Vor seinem inneren Auge sah er schon eine ganze Spinnenfamilie in seine Finger beißen. Ihm ihr Gift in die Venen pumpen, bis sie ihn willenlos mit klebrigen Spinnfäden an den Balken fesseln konnten, um ihn dann nach und nach zu verspeisen.

Tom nahm seinen ganzen Mut zusammen. Er wollte unbedingt wissen, was mit dem Ball war. Er steckte seine Hand ganz tief in die Öffnung. Da fühlte er etwas an seinen Fingerkuppen. Kein Tier, vielmehr etwas Lebloses, Längliches, Flaches. Es fühlte sich wie Papier an. Tom fischte es heraus.

Ein Brief, in dem Geheimfach lag ein Brief.

„Was für eine irre Überraschung", dachte der Junge aufgeregt. So mussten sich die Mondfahrer kurz nach der Landung gefühlt haben. Er nahm den Brief zwischen die Zähne und kletterte die Leiter runter.

Augenblicke später lag er in seiner Kissenburg. Tom riss das Kuvert auf und entfaltete ein riesiges Blatt. Dann flog er über den Text aus lauter Großbuchstaben bis runter zur Unterschrift. Der Brief war mit „Norbert" unterzeichnet.

Tom wurde es heiß und kalt. Sein Großvater musste etwas mit dem Ball zu tun haben. Tom zwickte sich in die Wange und dann in den Arm. Aber der Brief löste sich nicht in Luft auf, alles war wirklich.

Der Junge begann zu lesen.

Lieber Freund des Wunder-Balles.
Das Wetter hat einen Lutscher. Raben haben gelbe Flöhe. Der Igel ist ein Murmeltier auf Erdbeeren.
Ärgerlich esse ich meine Zähne auf. Abends brate ich mir

dann die Tube. Und zu Mittag gibt es immer Heuschrecken in Senfsoße. Sag: Sollte ich nicht einfach vom Dach fliegen? Ich habe ja richtige Hosenträger aus Krokodilhaut. Und der Ede, der macht Fußball auf der Gitarre. Hans kickt die Trommel auf den Bauch. Ja. Meine Hose schlürfe ich zum Frühstück. Dann kommen die Strümpfe dran. Die ziehe ich durch die Nase. Wenn ich damit fertig bin, wickele ich die Wäscheleine um die Ex-Badewanne. Erst danach fange ich an, alte Waschlieder zu singen. Ist denn alles nicht kohlenschwarz? Ach, wenn ich wüsste, was im Ei eines Benzinkanisters vor sich geht! Das ist so seltsam wie der Eiffelturm in Rosa. Oder Oma, wenn sie Kaffee aus einem Esel serviert. Die Zeit läuft. Ich halte den Elfmeter nicht aus. Ein Geheimnis ist ein Geheimnis. Nur für den nie nicht, der es schnallt. Aber wer ist schon so schlau wie das ganz geheime Fachwerk im Kopf. Spinne ich? Oder Du? Was ist das Ei – und ehrlich: Warum leckt die Truhe Eis? Kann die Kuh kalben oder qualmen die Euter.

Dein Norbert

Tom rieb sich das Kinn. „Au weia. Das soll ein Brief sein? Will der mich auf den Arm nehmen?"

Eine Truhe leckt Eis. Qualmen die Euter? Wenn das witzig sein sollte, dann hatten sie früher einen anderen Humor gehabt. Was schrieb sein Opa da?

Er überlegte. Seine Gedanken wirbelten um ein großes Fragezeichen herum. Er konnte keinen Sinn in diesem merkwürdigen Kauderwelsch erkennen.

Doch irgendetwas hatte Opa mit seinem Brief bezwecken wollen. Sonst hätte er ihn nicht so gut versteckt.

Plötzlich blitzte es in Toms Gedanken auf. Der Brief war ein Rätsel. Dafür musste es einen Schlüssel geben, eine Art Code. So etwas hatte er schon in vielen Abenteuerromanen gelesen. Opa wollte ihn testen. Nur wie konnte die Lösung aussehen?

Er las den verschlüsselten Text rückwärts. Dann diagonal. Dann alle Buchstaben am Rand. Dann alle in der Mitte.

Mist. Komplette Fehlanzeige. Irgendwo musste der Schlüssel versteckt sein.

Tom grinste auf einmal. Na klar. Wenn es überhaupt einen Hinweis gab, dann lag er in Opas alten Sachen versteckt.

Er sprintete in sein Zimmer und öffnete seine Schatzkiste. In ihr musste die Lösung liegen.

Kalifornien Das behinderte Mädchen hat es schwer mit seinen Schwestern

„Mann, warum sind Duffy und Duck denn nun schon wieder sauer auf mich?", ärgerte sich Jenny. „Gestern war doch noch alles in Ordnung. Und dass ich nun mal nicht so schnell kann, das sieht doch wohl ein Blinder."

Jenny wackelte unruhig hin und her, sie hatte ihren Rollstuhl so auf die Veranda gestellt, dass sie eine optimale Sicht auf ihren geliebten Pazifik hatte. Das Rauschen des Meeres beruhigte sie hier in La Jolla. Die kleine Stadt lag nicht weit von San Diego entfernt. Manchmal kamen ihr die Wellen wie eine Herde galoppierender Pferde mit Schweifen aus Gischt vor. Der Ozean war an dieser Stelle besonders schön. Erst kürzlich hatten ihr ihre Eltern erzählt, dass der Pazifik in der Nähe ihres Hauses besonders tief war. Angeblich verliefen dort sogar U-Boot-Routen. Jennys Vater behauptete neulich, den Turm eines dieser schwimmenden Blechbüchsen aus dem Wasser auftauchen gesehen zu haben.

„Da hat er mich bestimmt nur veräppelt", dachte Jenny.

„Und wenn ich es mir so recht überlege", grübelte das Mädchen weiter, „werde ich den lieben, langen Tag von allen möglichen Leuten veräppelt. Und allen voran von meinen beiden bescheuerten Schwestern."

Sarah und Kathi waren ein Jahr jünger als sie. Sie kamen als eineiige Zwillinge zur Welt und schienen Jenny schon von Geburt an nicht leiden zu können. Jennys kleine Rache war, dass sie sie im Geheimen nur Duffy und Duck nannte. Nach dem verrückten Trickfilm-Erpel mit seinen hässlich langen, schwarzen Schwanzfedern und dem gelben runden Schnabel, der unentwegt etwas zu sabbeln hatte. Bei Duffy Duck schien immer alles schiefzugehen. Und wenn sie sich ihre Schwestern mit gelbem Rundschnabel und ausgefransten, langen Ohren und noch ausgefranseren Schwanzfedern vorstellte, kamen ihr die ewigen Hänseleien einfach viel erträglicher vor.

Jenny saß seit ihrem fünften Geburtstag im Rollstuhl. Ihre Eltern hatten ihr erklärt, dass bei irgendeiner Impfung oder so etwas schiefgegangen war. Sie konnte ihre Beine nur manchmal bewegen – und dann auch nur ein bisschen.

„An guten Tagen", wie ihre Mutter sagte.

„Aber wieso sollten die anderen Tage schlechte Tage sein?", fragte Jenny sich. Ihre Eltern schienen einfach keine Ahnung von wirklich miserablen Tagen zu haben.

Schlechte Tage waren, wenn die beiden Zwillingsmädchen Sarah und Kathi sie mal wieder ausschlossen oder ihr Dinge sagten wie: „Mensch, du bist so lahm, jetzt beeil dich doch mal."

Oder: „Was bist du so zickig? Du kannst doch den ganzen Tag rumsitzen."

Oder: „Halte die Klappe, sonst schieben wir dich in die Ecke."

Manchmal warfen die beiden Hexen ihr im Schulsport den Medizinball so fest zu, dass sie definitiv keine Chance hatte, diesen zu fangen und die schwere Kugel am Ende ziemlich hart auf ihrem Bauch landete. So ein Treffer warf sie fast aus dem Rollstuhl. Zum Glück hatten sie nicht oft Sport zusammen. Nur dann, wenn wegen Krankheit ein Lehrer ausfiel.

Jenny musste zwar zugeben, dass einen Ball gegen den Bauch oder vor den Kopf geworfen zu bekommen ihr körperlich nicht besonders wehtat. Aber das Grinsen der beiden bohrte sich direkt in ihr Gedächtnis.

„Naja", dachte Jenny, „manchmal sind die beiden ja auch ganz nett."

Besonders dann, wenn sie am Wochenende ein Fußballmatch gewonnen hatten. Duffy und Duck galten als Ausnahmetalente. Man respektierte sie, man liebte sie aber nicht. Zumal sie niemals einen anderen in ihre Mitte aufgenommen hätten.

„Am besten heiraten die beiden später einander und lassen sich zusammen auf den Mond schießen", dachte Jenny.

Sie glichen sich wie ein Ei dem anderen. Waren gleich groß, hatten an genau den gleichen Stellen Muttermale und nur ganz wenige Sommersprossen auf der Nase. Sie trugen immer die gleichen Trainingsklamotten, hatten ihre dunklen Haare zu einem strengen Mozartzopf geflochten und schienen auch sonst genau gleich zu sein. Ein Außenstehender konnte sie unmöglich voneinander unterscheiden.

Jenny sah ihren Schwestern kein bisschen ähnlich. Sie hatte kastanienfarbenes Haar und war ziemlich groß für ihre zwölf Jahre. Jenny hatte immerhin schon Schuhgröße 39 und maß 1,69 Meter. Ein Ende ihres Wachstums war noch nicht abzusehen. Das gefiel Jenny. Sie war schlank, hatte vom Rollstuhlfahren sehr muskulöse Arme bekommen und war übersät mit Sommersprossen. Deshalb nannten sie ihre Eltern „Freckle", das englische Wort für Sommersprossen. Jenny mochte diesen Spitznamen.

Die drei Mädchen besuchten die „California Junior High School". Jenny konnte nur deshalb eine reguläre Schule besuchen, weil dort behinderte Kinder nach einem besonderen Konzept integriert wurden.

Damit der Unterricht reibungslos ablief, hatte Jenny eine sogenannte „Pädagogische Fachkraft" an ihrer Seite, die ihr half, wenn sie zum Beispiel „an schlechten Tagen" nicht selbstständig zur Toilette gehen konnte.

Jenny mochte ihre „PF" sehr gern. Sie hieß Silke mit echtem Namen, aber alle nannten sie nur „PF". Silke war Erzieherin von Beruf und arbeitete normalerweise ganztags in einer Schule für körperbehinderte Kinder. In diesem Sommer aber hatte sie sich vom Schuldienst für ein Jahr beurlauben lassen und kümmerte sich ausschließlich um Jenny.

Das behinderte Mädchen wusste, dass sie nicht der einzige Grund für Silkes Beurlaubung war. Dahinter steckte auch ihr Freund aus Deutschland, der Paläontologe Jimmy. Der war nämlich plötzlich wieder aufgetaucht und blieb den Sommer über in Kalifornien, bevor er sich auf den Weg zu Ausgrabungen nach Afrika machte. In Afrika erforschte Jimmy die Entwicklung des Lebens auf der Erde vor Millionen und Milliarden von Jahren.

„Das ist bestimmt grottenlangweilig", dachte Jenny, „sich immer nur mit totem Zeugs zu umgeben."

Im Grunde aber war das Jenny schnurzpiepegal. Hauptsache Silke kümmerte sich um sie und blieb noch eine Weile bei ihr.

Und wie das mit der Liebe war, hatte sie vor einem Monat zum ersten Mal in ihrem Leben selbst gespürt. Jenny spürte Schmetterlinge im Bauch, wenn sie an Dennis dachte. Er war so niedlich. Größer noch als sie, blond und immer braun gebrannt. Außerdem konnte er kicken wie kein anderer. Er war in ihrer Klasse und sie hatten sich sogar schon geküsst. „Zwar nur zum Abschied und nur ganz flüchtig auf die Wange, aber das kann ja noch werden", dachte Jenny aufgeregt.

Heute Nachmittag würde Dennis vorbeikommen und

mit ihr ein wenig trainieren. Sie hielt sich fit für den Fall, dass ihre Beine eines Tages wieder voll einsatzfähig waren und sie als Torfrau mit den muskulösesten Armen in ganz Amerika zum Einsatz käme. Davon träumte sie.

Alle Mädchen in ihrem Wohnviertel spielten leidenschaftlich gern Fußball. Acht Mädchen, und das waren ungefähr zwei Drittel, aus ihrer Klasse kickten sogar in einem Verein. Aber das war natürlich nichts Ungewöhnliches in den USA.

Hier gab es laut „PF" und Statistik sieben Millionen aktive Fußballerinnen. Und wer dazugehörte, konnte mit viel Ansehen rechnen.

Allein der Gedanke daran, dass ihre Fußballfrauen 1999 Weltmeisterinnen wurden, erfüllte alle mit Stolz. Und wenn sie die Namen ihrer Vorbilder aussprachen – Mia Hamm, Tiffeny Milbrett oder Kristine Lilly –, dann taten sie dies stets mit Respekt in der Stimme und hocherhobenen Hauptes. Sie waren sich sicher, dass sie eines Tages ebenso gute Kickerinnen werden würden.

Kalifornien — Jenny leidet an einer rätselhaften Krankheit

Jenny beobachtete von der Veranda aus ihre Schwestern beim Kicken am Strand. Jedes andere behinderte Mädchen hätte traurig und neidisch zugeschaut.

Jenny war anders. Sie glaubte fest daran, eines Tages mitspielen zu können. Nicht ohne Grund, denn die Ärzte machten ihr Hoffnung.

„Jenny, du wirst nicht dein ganzes Leben an den Rollstuhl gebunden sein. Du wirst irgendwann wieder laufen können", hieß es. Die Männer und Frauen in den weißen Kitteln lächelten ihr aufmunternd zu und strichen ihr übers Haar.

„Und wann ist es endlich so weit? Wann kann ich aufstehen, laufen und springen wie die anderen auch?", fragte sie.

Das war der Moment, wo die Ärzte aufhörten zu lächeln und ihre tätschelnden Hände wieder in die Taschen ihrer Kittel steckten. Sie wussten auch nicht weiter.

„So genau kann man das nicht sagen", hörte sie dann.

Oder: „Wir haben da von einer neuen Therapie gehört. Das müssen wir aber erst genauer prüfen."

Jenny hatte längst verstanden, dass die Mediziner mit ihren Latein ziemlich am Ende waren.

Das Mädchen erinnerte sich gerade an ihren letzten Arztbesuch. An das Kopfschütteln der Professoren. Schließlich fiel der Satz, den sie und ihre Eltern schon tausend Mal gehört hatten: „Organisch ist alles okay. Komm Jenny, steh auf und lauf uns davon …"

Wenn Jenny einfach nur einen Schalter im Kopf umlegen musste, um wieder laufen zu können, dann war er gut versteckt. Jenny konnte ihn nicht finden.

Auch bei ihrem bisher letzten Arztbesuch gab das Mädchen sich alle Mühe. Wie immer Fehlanzeige. Ohne ihre „PF" lief, im wahrsten Sinne des Wortes, gar nichts. Da konnte sie sich noch so sehr anstrengen.

„Heute Morgen hat es also mal wieder zwischen dir und deinen liebenswerten Schwestern gekracht?", hörte Jenny ihre PF fragen. Das Mädchen blickte sich auf der Veranda um, sah sie aber nirgendwo.

War das „PF" gewesen? Die Stimme hatte komisch geklungen. Und was hieß hier „liebenswerte Schwestern"?

„Hallo PF?", rief Jenny in Richtung Fliegengittertür auf der Veranda.

„Bist du hier?"

Doch sie erhielt keine Antwort. Stattdessen winkten ihr die Zwillinge zu. Deuteten mit ihrem Fußball einen Wurf in Richtung Jenny an und lachten sich dabei schlapp. Dann kickten sie den Ball noch ein paar Mal hin und her.

Als sie davon genug hatten, setzten sie sich in den Sand und schienen sich zu beraten. Dann zogen sie sich blitzschnell ihre T-Shirts aus, warfen ihre Shorts in den Sand und rannten um die Wette in den Pazifik.

Sie tauchten gleichzeitig unter Wasser, und als die Zwillinge wieder hochkamen, riefen sie wie aus einem Munde: „Komm doch zu uns ins Wasser, wenn du kannst."

Die beiden elfjährigen Mädchen stützen sich am Ende des Stegs auf die Ellenbogen und grinsten Jenny auffordernd an. Jennys Onkel hatte extra für Jenny einen Steg gebaut, der direkt ins Meer führte und den sie problemlos alleine mit ihrem neuen leichten Sportrollstuhl befahren konnte. Ihr schickes Fahrgerät hatte sie Arnold genannt, nach dem berühmten Filmstar und Gouverneur von Kalifornien. Den fand Jenny ziemlich cool. Allein schon wegen seiner Riesenmuskeln. Zudem schien er noch ziemlich schlau zu sein – wie sie selbst.

Jennys Eltern sahen es nicht so gern, dass Jenny auf den Steg rausfuhr. Denn wenn es ganz blöde laufen sollte und sie mit ihrem Rollstuhl von der vorgegebenen Fahrtrille abkam, konnte das gehbehinderte Mädchen links oder rechts ins Wasser stürzen.

Das Ufer war nur wenige Meter flach, dann fiel es fast senkrecht ab. Der Meeresgrund lag weit unter ihnen. Zudem wies der Ozean hier eine tückische Strömung auf. Selbst geübte Schwimmer konnten Probleme bekommen.

Und Jenny war alles andere als eine geübte Schwimmerin. Sie konnte sich zwar im Extremfall aufgrund ihres durchtrainierten Oberkörpers einige Zeit über Wasser halten. Das hatte sie im Schwimmbad geübt. Aber an „schlechten Tagen", wenn ihre Beine keine Hilfe waren, sondern – ganz im Gegenteil – ziemlich schlapp im Wasser hingen, hatte sie absolutes Steg-Verbot. Das jedenfalls hatte sie ihren Eltern hoch und heilig versprechen müssen.

„Wo bleibst du, Jenny? Oder kannst du dich ohne ein Kindermädchen nicht von der Stelle rühren?", hörte sie die beiden Mädels feixen.

Vor Jennys innerem Auge schienen sie sich augenblicklich in fette Kraken mit fleischigen Fangarmen zu verwandeln.

Jenny schüttelte sich kurz, dabei schloss sie ihre Augen und richtete mit der rechten Hand ihren Pferdeschwanz. Dann schaute sie sich um, ob „PF" in der Nähe war, und als Jenny sie nirgendwo entdecken konnte, die Luft sozusagen rein schien, machte sie sich auf den Weg Richtung Strand.

„Ach Jenny", rief Sarah mit zuckersüßer Stimme. „War

doch nur Quatsch, bleib lieber da, wo du bist. Sonst stößt dir am Ende noch etwas zu."

Dabei verzog sie ihre Mundwinkel nach unten und tat, als würde sie gleich vor Bedauern in Tränen ausbrechen.

Ihre Schwester Kathi tat es ihr gleich und ergänzte gehässig: „Warte lieber, bis dir deine Babysitterin die Brust gibt."

Dabei hüpften sie wie wild gewordene Frösche herum und versuchten, sich gegenseitig unterzutauchen.

„Euch werde ich es zeigen", dachte Jenny und fuhr auf den Steg, obwohl ihre Beine ziemlich schlapp waren.

Oder bildete sie sich das nur ein?

Das Wetter hatte umgeschlagen. Heute Morgen noch war es windstill gewesen. Der Ozean glich einem Spiegel. Nicht eine Welle hatte diesen seltenen Anblick gestört. Selbst die Delfine, die Jenny stundenlang beobachten konnte, hatten sich heute nicht blicken lassen. Doch ausgerechnet jetzt kam ein heftiger Wind auf.

„Na und", dachte Jenny, „das raue Lüftchen bringt mich schon nicht um."

Vorsichtig legte sie ihre Hände auf die Reifen und fuhr los.

Der Himmel verdunkelte sich schlagartig. Eine Regenwolke hatte sich direkt vor die Sonne geschoben. Alles sah nach einem kurzen Schauer aus. Eine heftige Windböe erfasste Jennys Rollstuhl. Im allerletzten Moment konnte sie sich an den Rädern festklammern, sonst hätte es sie glatt aus dem Sitz gefegt.

Dann brach der Himmel auf, Regen stürzte auf die Erde nieder. Die Holzdielen wurden zu einer gefährlich glitschigen Rutschbahn. Jenny wollte mit dem Rollstuhl wenden. Sie hatte genug. Und inzwischen Angst um ihr Leben.

Die Zwillinge waren bereits aus dem Wasser gespurtet. Sie riefen ihr etwas zu. Jenny konnte nichts hören. Der Wind heulte wie ein Orkan. Es regnete Bindfäden. Man sah seine eigene Hand vor den Augen nicht. Vorsichtig drehte sie sich um und ließ dabei für einen kurzen Moment ihre Hände von den Reifen. Das hätte sie lieber nicht tun sollen. Nun verlor sie gänzlich das Gleichgewicht. Sie ruderte mit den Armen in der Luft herum. Durch die unkontrollierten Bewegungen rutschte ihr Rollstuhl gefährlich nah an das Ende des Steges.

Und dann gab es kein Halten mehr. Sie fiel ins tiefe Wasser.

„Das ist das Ende", dachte sie.

Ihr Stuhl wurde von einem Strudel erfasst und nach unten gezogen. Sekunden später war er nicht mehr zu sehen. Auch Jenny war untergetaucht.

Verzweifelt versuchte sie, zurück an die Oberfläche zu kommen. Ihre kräftigen Arme rotierten mit aller Kraft. Jenny gewann ein paar Meter. Der rettende Sauerstoff war nur noch einen halben Meter weit entfernt. Das trübe Meer wurde heller. Der Wasserdruck ließ nach. Für einen Moment dachte sie, sie könne nur mit der bloßen Kraft ihrer Arme nach oben tauchen. Dann wurden sie schwerer und schwerer. Ihre Muskeln streikten. Sie sank wieder tiefer.

Jenny bekam Panik. Ihre Lungen schmerzten, ihre Ohren dröhnten. Das Wasser wurde kälter und schwärzer. Sie sank jetzt schnell.

In dem Moment, als sie das Bewusstsein zu verlieren

drohte, sah sie etwas Helles wie ein Torpedo auf sich zukommen. Das Ding knallte in ihren Magen, sie hielt sich krampfhaft daran fest und wurde aus dem Wasser und in einem hohen Bogen ans rettende Ufer geschleudert.

Als Jenny die Augen öffnete, musste sie erst einmal husten. Ein Schwall Wasser ergoss sich in den Sand. Dann sah sie einen völlig durchnässten Lederball, den sie fest umklammert hielt. Ihre Schwestern machten sich gerade an ihm zu schaffen. Sie wollten ihn ihr aus den Armen reißen.

„Lasst das!", keuchte Jenny und spuckte dabei eine ganze Ladung Wasser in Duffys Gesicht. Duck hatte sich gerade noch rechtzeitig auf die Seite geschmissen.

„Das ist mein Ball. Haut ab!" Jenny sah ihren Lebensretter zärtlich an: „Danke, wo auch immer du herkommst, du hast mir das Leben gerettet."

Genau in diesem Moment klarte der Himmel wieder auf. Die Sonne schien und es war, als ob die vorangegangene Szene nie stattgefunden hätte. Einzig und allein die verdutzten Gesichter ihrer Schwestern ließen darauf schließen, dass dieses unglaubliche Ereignis keine Einbildung war.

Wenn das Dennis gesehen hätte.

Jennys Schwestern schienen ernstlich beeindruckt.

Die beiden schrien wild durcheinander: „Du bist mit dem Ball im Arm aus dem Wasser geschossen wie eine Rakete … Dein Arnold ist abgesoffen … Wärst beinahe ertrunken … Los, gib den Ball her, wir wollen sehen, ob darin eine Zauberkraft verborgen ist."

Jenny kam sich ein bisschen wie eine Heldin vor. Zudem war dieser Ball eindeutig für sie bestimmt.

„Jenny Kalifornien", leuchtete auf dem nassen Leder auf. Jenny war zu erschöpft, um darüber nachzudenken, wie das sein konnte.

Das Einzige, was die Kräfte einer Löwin in ihr weckte, waren ihre zwei Schwestern.

„Gib den Ball her", kreischten sie. „Sonst verraten wir, dass du mit dem Rollstuhl ganz weit auf den Steg rausgefahren bist."

Jetzt wurde Jenny richtig wütend. Sie fühlte sich plötzlich gar nicht mehr erschöpft. Ihr war, als würde sie mit Energie aufgeladen. Der Ball schien zu pulsieren und ihren ganzen Körper mit Kraft zu durchströmen. Jenny spürte jeden einzelnen Muskel. Und keiner davon schmerzte. Ganz im Gegenteil, ihre Beine fühlten sich so gut wie nie an. Ihr kam es vor, als könne sie ganz alleine aufstehen und ihren Schwestern davonrennen.

„Wenn ihr nicht gleich Land gewinnt, hetze ich den Ball auf euch", sagte sie mit einer Stimme, die so kalt war, als könnte sie damit einen Schneesturm entfesseln.

Die Schwestern schienen ihr das abzunehmen. Entgegen ihren sonstigen Gewohnheiten setzten sie sich ohne weitere Kommentare in sicherer Entfernung zu Jenny und dem Ball in den nassen Sand und warteten verunsichert ab.

Jenny legte das nasse Leder zur Seite, dann drehte sie sich auf den Rücken, winkelte die Beine an und grub ihre Zehen in den Sand. Nachdem sie eine Weile so verharrt hatte, kam sie langsam mit dem Oberkörper nach oben.

„Hier sitze ich nun", dachte Jenny. „Ich war schon halb ertrunken. Da hat mich ein Ball gerettet. Und was ist jetzt?"

Von ihren Schwestern drang kein Laut zu ihr herüber. Die beiden Sabbeltanten schienen das Sprechen verlernt zu haben.

Da hörte sie, wie jemand nach ihr rief: „Jenny, wo bist du?" Es war Dennis. Als er sie entdeckte, kam er zu ihr geflitzt und setzte sich neben sie in den nassen Sand.

„Was machst du denn hier ohne Arnold?", fragte er. „Wie bist du denn hierhergekommen?"

„Arnold ist tot", sagte Jenny.

Dennis zuckte zusammen. „Jenny, was redest du denn da?", fragte er schockiert und verlor alle Farbe.

Jenny bekam einen Lachkoller, sie konnte vor lauter Lachen kaum sprechen. Sie lachte so sehr, dass ihr Tränen über die Wangen liefen und Dennis es mit der Angst zu tun bekam.

„Ich", quetschte sie zwischen einem erneuten Lachkoller hervor. „Ich ... brauche ihn nicht mehr."

Jetzt war sie vollends durchgeknallt, da war sich Dennis sicher.

„Schau", sagte Jenny, die auf einmal wusste, dass sie wieder gehen konnte. „Schau genau her."

Sie stützte sich mit der Hand auf seiner Schulter ab und richtete sich vorsichtig auf, bis ihre Beine festen Halt im Sand fanden.

Sie stand.

„Mensch, Jenny", rief Dennis. Vor Begeisterung überschlug sich seine Stimme: „Du stehst!"

„Ja", sagte Jenny: „Und das ist noch nicht alles ..."

Langsam setzte sie einen Fuß vor den anderen. Es fiel ihr überhaupt nicht schwer, ganz so wie der Professor es ihr vorausgesagt hatte. Ihre Beine gehorchten ihr. Schritt um Schritt näherte sie sich der Veranda ihres Hauses.

„Hol bitte noch den Ball", zwinkerte sie Dennis zu, der keinen Millimeter von ihrer Seite gewichen war.

Dennis war viel zu erstaunt, um Fragen zu stellen. Er spurtete los, nahm den nassen Ball an sich und lief zurück.

Inzwischen hatten Duffy und Duck ihre Sprache wiedergefunden. Sie rieben sich ungläubig die Augen. Ihre große Schwester wäre fast ertrunken, kam wie ein Torpedo aus dem Wasser geschossen und konnte wieder laufen.

Das war selbst für zwei sonst so hartgesottene Zicken zu viel. Sie konnten gar nicht anders. Sie mussten ihrer Freude freien Lauf lassen. Kurzerhand fassten sie sich an den Händen, liefen zu Jenny und lachten, bis ihnen die Tränen kamen. Es mussten wohl Freudentränen sein, denn in ihren Bäuchen fühlten sie nichts als ein angenehmes, wohliges Kribbeln.

Sie hakten sich links und rechts bei Jenny unter, küssten sie auf die Wange und redeten in einem fort auf sie ein. So gingen die drei gemeinsam ins Haus. Dennis trabte kopfschüttelnd hinter ihnen her.

„Verstehe einer mal die Mädels", dachte er nur.

Kalifornien

Jenny kann wieder laufen

Jenny konnte von nun an tatsächlich wieder laufen. Und nicht nur das, ihre Muskulatur wurde von Tag zu Tag stärker. Gemeinsam mit „PF" und ihrem Lebensretter trainierte sie, was das Zeug hielt. Sie hatte dabei nur eines im Sinn: die Schulmeisterschaft im Hallenfußball.

Und dann war es endlich so weit. Heute würde ihr Lehrer die Aufstellung für das morgige Turnier bekannt geben. „PF" war sich sicher, dass Jenny das Tor hüten würde.

„Du bist die Beste, Jenny", sagte sie.

Jenny lachte. „PF" Silke freute sich beinahe ebenso wie sie über ihre Genesung. In nur zwei Wochen würde Silke ihren Job beenden, um mit ihrem Freund Jimmy nach Afrika zu reisen. Dort würden sie nach Zähnen und Knochen buddeln.

Jenny freute sich mit ihr.

„Mit der Liebe, das ist so eine Sache", dachte sie.

Sie traf sich jeden Tag mit Dennis, aber mit dem Küssen hatte es noch immer nicht geklappt. Jäh wurde sie aus ihren Gedanken gerissen.

„Jenny?", Silke schaute sie fragend an. „Wo bist du mit deinen Gedanken? Wir müssen los. Nur noch eine Stunde bis zur Nominierung."

„Ich bin bereit", antwortete Jenny, nahm den Zauberball für alle Fälle und stürmte zum Auto.

Wenig später war der Wunsch Wirklichkeit geworden.

Jenny hatte es geschafft. Sie war als Torhüterin für das Turnier gesetzt.

Ihr Sportlehrer hielt große Stücke auf sie. Sarah und Kathi sollten in der gleichen Mannschaft spielen. „Mit euch dreien holen wir die Meisterschaft", hatte ihr Lehrer gesagt. Und daran gab es nicht den geringsten Zweifel.

Ein paar Tage später saß sie wieder an dem Steg vor ihrem Haus.

Das Wasser war herrlich blau. Zwei Delfine tanzten mit ihren Schwanzflossen auf den Wellen, sprangen aus dem Wasser und tauchten dann wieder in die schäumende Gischt ab.

Jenny bewegte ihre Beine. Es gab kein schöneres Gefühl. Zu Hause stand der Pokal, den sie souverän gewonnen hatten. Was für ein Triumph.

Den Ball hatte Jenny im Schoß liegen. Er pulsierte jetzt nicht mehr. Er schien zu schlafen.

Duck und Duffy waren neuerdings anders zu ihr, freundlicher, respektvoller. Ihre unerwartete Heilung und das Abenteuer im tiefen Wasser hatte sie nachhaltig beeindruckt.

Und nicht nur das. Sie hänselten sie nicht mehr. Deswegen war Jenny bereit, sie wieder Kathi und Sarah zu nennen. Aber nur so lange, wie sie die alten Zicken nicht wieder herauskehrten. Denn ganz traute sie dem Frieden noch nicht.

Eigentlich war das Jenny gar nicht mehr so wichtig. Sie konnte laufen, springen, Fußball spielen – das zählte, sonst nichts.

„Hast du keine Angst mehr vor dem Wasser?", hörte sie eine Stimme hinter sich.

„Dennis", sagte Jenny und drehte sich um, „schön, dass du gekommen bist. Angst vor dem Wasser? Ach nein, ich kann jetzt ja schwimmen."

Sie hatte immer noch Schmetterlinge im Bauch, wenn sie ihn sah, genau genommen eine ganze Schmetterlingsfamilie.

„Ich wollte dir noch zum Sieg im Schulturnier gratulieren", sagte er mit breitem Lächeln und setzte sich hin.

„Du warst großartig."

Jenny war glücklich.

Beim Hallenturnier hatte es ein Elfmeterschießen gegeben. Sie hatte drei beinahe unmögliche Bälle gehalten. Eine Kugel fischte sie aus dem rechten Winkel. Einen Ball kratzte sie kurz vor dem linken Pfosten von der Linie. Und ein in die Mitte knapp unter die Latte gefeuertes Leder köpfte sie mit einem wuchtigen Kopfstoß zurück ins Feld. Das war natürlich eine kleine Showeinlage gewesen. Aber Jenny hatte sich nie besser gefühlt als in diesem Moment.

„Ich glaube, ich war nicht schlecht", sagte sie zu Dennis. Dieser Junge machte sie verlegen. Er war so süß wie ihre Lieblings-Muffins mit ganz viel Schokolade obendrauf.

Jenny nahm den Ball in die Hand. Der erwachte zum Leben. Jenny spürte die vertraute Wärme.

„Da erscheint eine Schrift", sagte Dennis und rückte näher zu ihr.

Jetzt sah auch Jenny es: Mucawe Afrika.

„Der Ball will nach Afrika", sagte Jenny.

„Nur, wie kommt er da hin?", fragte Dennis.

„Ich weiß wie, PF reist nach Afrika mit Jimmy. Ihr geben wir den Ball mit.“

Dennis lachte und Jenny dachte schon wieder an ihren Lieblings-Muffin.

„Lass uns zu PF laufen“, ermunterte sie Dennis. Doch bevor er ausgesprochen hatte, flitzte sie schon los.

„O Mann, geküsst haben wir uns immer noch nicht“, dachte sie, während sie den Sand unter den Füßen spürte.

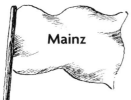

Mainz

Tom löst endlich das Rätsel

Der Ball näherte sich Afrika, dem Schwarzen Kontinent, und Tom rückte der Lösung des großen Rätsels immer näher. Seit er den Brief von seinem Opa auf dem Dachboden gefunden hatte, trug er ihn bei sich. Er legte ihn sogar nachts unter das Kopfkissen, damit er die Lösung träumen konnte. Vielleicht war es auch nur, weil er Angst hatte, die kostbare Nachricht zu verlieren.

Jetzt saß Tom neben der Schatzkiste, inmitten Opas alter Sachen. Stunde um Stunde hatte er darüber nachgegrübelt, wie der Code aussehen könnte. Aber er kam nicht weiter. Ausgebreitet auf dem alten grünen Teppich lagen Opas Heiligtümer: der alte Fußball, seine Fußballschuhe, staubig und zerknautscht, sein Trikot, die Stutzen, alte Bilder, ein Stück Rasen in einer Schachtel, längst verwelkt und getrocknet.

Sogar die Urkunden und Pokale hatte er in sein Zimmer geschleift. Tom hatte alles wie ein Meisterdetektiv untersucht, nach versteckten Fächern geforscht, Nähte aufgetrennt, jeden Gegenstand befühlt. Vergeblich.

„Tom, was machst du da?" Toms Vater betrat das Zimmer.

„Ich, ähm, ich wollte mir einfach noch einmal Opas alte Sachen anschauen", druckste Tom herum.

„Willst du nicht rüberkommen? Wir spielen was zusammen. Du kannst das Spiel auch aussuchen. Mama backt eine Pizza."

Toms Vater nahm seinen Sohn in den Arm. So saßen sie eine Weile. Sein Vater wusste, dass Tom Sorgen hatte. Und Tom wusste, dass sein Vater das wusste.

„Ich habe Opa Norbert auch sehr gern gehabt", sagte Toms Vater und nahm das Trikot in die Hand. „Die Neun war schon fast eine Legende. Das Haus, das er erbaut hatte, trug die Hausnummer neun. Er ist am 9. 9. geboren und hat am 9. 9. geheiratet. Das Kennzeichen seines alten VWs endete 999. Die Neun war seine Glückszahl. Ein richtiger Spleen. Er war ein verrückter Kerl. Aber alle mochten ihn."

Toms Vater legte das Trikot wieder hin.

„Er war übrigens sehr stolz auf dich."

Dann sagte Toms Vater wieder länger nichts. Er überließ es oft anderen, seine Gedanken zu Ende zu denken. Selbst seinem Sohn.

Tom hatte längst verstanden, was er ihm sagen wollte. „Junge, verkriech dich nicht auf dem Speicher. Geh raus, hab Spaß mit deinen Freunden und so weiter und so weiter."

Trotzdem genoss er es, seinen Kopf an die Schulter seines

Vaters zu lehnen. Wenn auch weniger aus dem Grund, dass er Trost brauchte. Die letzten Tage waren einfach sehr aufregend gewesen. Tom war ein bisschen müde.

Sein Vater durchbrach das Schweigen. „Tom, verkrieche dich nicht so, du siehst deine Freunde kaum noch."

„Na also", dachte Tom, „hat er es endlich herausgebracht."

Sein Vater war noch nicht fertig. „Und wenn du was auf dem Herzen hast, ich bin immer für dich da."

Dann machte er wieder eine Pause.

„Zur Not fange ich auch an, mich für Fußball zu interessieren." Toms Vater drückte seinen Sohn.

„Ich würde ihm ja gerne von dem Rätsel erzählen", dachte Tom. „Und eigentlich auch wieder nicht. Denn er wird nichts verstehen."

Tom hatte das Gespräch mit seiner Mutter und auch die ungläubige Reaktion seines Vaters nicht vergessen.

Trotzdem sah er seinen Vater dankbar an. Das war gut für die Stimmung. Außerdem meinte er es ja gut.

„Lass uns was spielen, Papa", sagte Tom. „Monopoly. Und wir hören nicht auf, bis einer von uns alle Straßen besitzt und die anderen pleite sind. Einverstanden?"

Toms Vater lachte. „Einverstanden."

Sie klatschten sich ab. Von unten stieg ihnen Pizzaduft in die Nase.

In dieser Nacht wachte Tom auf. Er hatte gerade von einer riesigen, runden Pizza geträumt. In ihrer Mitte lag eine Neun aus Salamistücken.

Tom nahm den Brief unter seinem Kopfkissen an sich, packte Opas Sachen ein und schlich sich auf den Speicher. Auf einmal spürte er, dass er der Lösung ganz nah war.

Er knipste sein Flutlicht an. Dann betrachtete er noch einmal genauer Opas Schätze. Er legte den Brief auf das alte Trikot. Mitten auf die Neun. Was hatte es mit dieser Zahl auf sich?

Dann drehten sich auf einmal seine Gedanken. Zahlen und Buchstaben schwirrten durcheinander. Plötzlich fiel es Tom wie Schuppen von den Augen.

Die Neun. Opas Lieblingszahl.

Das Geheimfach hatte sich im neunten Brett von oben verborgen.

„Na klar, jeder neunte Buchstabe", dachte Tom.

Er markierte jeden neunten Buchstaben im ersten Teil des Textes.

Lieber Freund des Wunder-Balles.
Das Wetter hat einen Lutscher. Raben haben gelbe Flöhe. Der Igel ist ein Murmeltier auf Erdbeeren. Ärgerlich esse ich meine Zähne auf. Abends brate ich mir dann die Tube. Und zu Mittag gibt es immer Heuschrecken in Senfsoße.

Dann las er laut vor.
Ens rubed tlrr snf adb ts sie.

Auch rückwärts gelesen ergaben die Buchstaben keinen Sinn. Was für ein Mist. Tom war sich so sicher gewesen, die Lösung gefunden zu haben. Und nun das.

Der Junge dachte angestrengt nach, strich über das Trikot. Dann kam ihm ein noch besserer Einfall. Er holte Papier und Schere. Und schnitt eine Neun aus einem Papierbogen. Genau so groß und breit wie die Neun auf Opas Trikot. Dann schob er die ausgeschnittene Neun wie eine Schablone über den Text. Jetzt machte es auf einmal Sinn, dass Briefbogen und Buchstaben so groß waren. Tom rutschte mit der

Lieber Freund des Wunder-Balles.
Das Wetter hat einen Lutscher. Raben haben gelbe Flöhe. Der Igel ist ein Murmeltier auf Erdbeeren. Ärgerlich esse ich meine Zähne auf. Abends brate ich mir dann die Tube. Und zu Mittag gibt es immer Heuschrecken in Senfsoße. Sag: Sollte ich nicht einfach vom Dach fliegen? Ich habe ja richtige Hosenträger aus Krokodilhaut. Und der Ede, der macht Fußball auf der Gitarre. Hans kickt die Trommel auf den Bauch. Ja. Meine Hose schlürfe ich zum Frühstück. Dann kommen die Strümpfe dran. Die ziehe ich durch die Nase. Wenn ich damit fertig bin, wickele ich die Wäscheleine um die Ex-Badewanne. Erst danach fange ich an, alte Waschlieder zu Singen. Ist denn alles nicht kohlenschwarz? Ach, wenn ich wüsste, was im Ei eines Benzinkanisters vor sich geht. Das ist so seltsam wie der Eiffelturm in Rosa. Oder Oma, wenn sie Kaffee aus einem Esel serviert. Die Zeit läuft. Ich halte den Elfmeter nicht aus. Ein Geheimnis ist ein Geheimnis. Nur für den nie nicht, der es schnallt. Aber wer ist schon so schlau wie das ganz geheime Fachwerk im Kopf. Spinne ich? Oder Du? Was ist das Ei – und ehrlich: Warum leckt die Truhe Eis? Kann die Kuh kalben oder qualmen die Euter. Dein Norbert.

Schablone ein paar Mal hin und her, dann sah er es. Er musste nur dem Verlauf der Neun folgen, dann setzten sich die Buchstaben zu einem Hinweis zusammen.

Nun lautete der entschlüsselte Text:

Der Ball rät: Grabe an der Eiche.

Tom staunte und staunte. Der Text war zwar nicht gerade von einem Rechtschreibgenie verfasst worden, aber die Botschaft war klar. Tom war mächtig stolz auf sich und hüpfte vor Freude im Stadion herum.

Jetzt würde sich alles aufklären. Er musste nur noch den Hinweis an der großen Eiche im Garten finden. Dort, wo Opa einst ein Baumhäuschen für ihn gebaut hatte, zu dem er aber schon lange nicht mehr hinaufgeklettert war.

Tom schlich auf leisen Sohlen in den Keller, schnappte sich einen Spaten und eilte zu dem Eichenbaum im Garten. Das Schatzfieber hatte ihn gepackt. Die nächste halbe Stunde buddelte er wie ein Maulwurf. Ein Loch nach dem anderen hob er aus. Dann schepperte es. Das Spatenblatt stieß auf etwas Hartes, Blechernes. Tom war wie im Fieber vor Anspannung. Seine Augen glänzten. Jetzt grub er mit bloßen Händen weiter. Bis er auf eine Stahlkassette stieß.

Sie war nicht mal abgeschlossen. In der Kassette lag schon wieder ein Brief. Tom nahm alles an sich und schlich zurück ins Haus – hinauf auf den Speicher.

Niemand hatte etwas bemerkt. Tom fing an, den Brief zu lesen.

Lieber Finder des Briefes,

ich hoffe, Dir ist der Ball begegnet, den ich an der Stelle versteckt habe, wo sich der erste Brief befand. Wenn nein, hoffe ich, dass der Ball Dich irgendwann findet. Wenn Du aber Freundschaft mit dem Ball geschlossen hast, will ich Dir etwas über ihn erzählen. Dass er ein paar Dinge kann, die sonst kein Ball kann, das hast Du sicher schon bemerkt. Diese Kugel ist einfach irre und ich habe noch nie mit etwas Tollerem gekickt.

Mir ist der Ball im Berner Wankdorf-Stadion zugelaufen, genauer, mir und meinem Freund Johann Dornfeld. Es war der 4. Juli 1954. Einen Tag, den ich auch deswegen nie vergesse, weil Helmut Rahn damals Deutschland mit seinem Siegtreffer zum 3 : 2 gegen Ungarn zum Fußballweltmeister machte.

Danach war rund um das Wankdorf-Stadion die Hölle los. Ein Gedränge, Geschiebe und Geschubse. In dem ganzen Zirkus nach dem Spiel habe ich Johann verloren. Wir wurden einfach voneinander weggedrängt. Irgendwann wurden die Jubelrufe der Deutschen leiser und ich bin mitten unter die enttäuschten und zornigen Ungarn geraten. Ich hatte mich in eine riesige Deutschlandfahne gewickelt und bekam es mit der Angst zu tun. Einige ungarischen Fans hatten viel getrunken und ich wusste nicht, ob einer nicht seine Wut an mir auslassen würde.

Dann erlebte ich mein Wunder von Bern. Mich tippte irgendetwas Kleines an. Ich dachte zuerst, es sei ein Hund. Aber es war ein Ball. Ich beugte mich zu ihm runter, sodass mein Schatten auf ihn fiel. Und da las ich den Satz: „Komm mit."

Das war völlig verrückt. Der Ball flitzte los, mitten durchs Menschengewühl, und ich hinterher. All die Fans schienen ihn gar nicht zu bemerken, was ziemlich komisch war. Damals hatte ich keine Zeit zum Nachdenken. Ich wollte einfach nur zu Johann.

Fünf Minuten später hatten wir ihn erreicht. Der Ball hat mich hingeführt.

Johann und ich rannten zu dem NSU, mit dem wir gekommen waren. Dann packten wir den Ball ein und machten, dass wir nach Hause kamen. Wir hatten ja noch eine lange Fahrt bis nach Mainz vor uns.

An der deutsch-schweizerischen Grenze stauten sich die Autos kilometerweit. Wir sahen uns den Ball genauer an. Und ich hätte wetten können, dass es einer der Bälle war, mit dem sie im Stadion gespielt hatten. Beim Endspiel. Der sah aufs Haar ganz genauso aus.

Die nächsten Tage feierten alle den deutschen Weltmeistertitel. Aber wir waren vor allem mit dem Ball unterwegs. Das war unglaublich. Mit dem Ball schafften wir Kunststücke, die wir sonst niemals gekonnt hätten.

Manchmal erschienen auf dem Ball Zeichen und Namen, die nur wir sehen konnten. Nicht alles haben wir verstanden, aber eines Tages war mein eigener Name darunter.

Johann und ich hüteten ein Geheimnis. Wir hatten Angst, dass man uns für verrückt halten würde, wenn wir von unserem Wunderball erzählt hätten. Dabei bin ich mir ganz sicher, ohne den Ball wäre ich nie so ein guter Kicker geworden, wie ich es jetzt bin. Einen besseren Trainer als diesen Ball gibt es nicht.

Das klingt, wie gesagt, alles verrückt. Aber ich hoffe, lieber Finder des Briefes, dass Du ähnliche Erfahrungen mit dem Ball machen wirst.

Nach ein paar Monaten wurde der Ball dann schlapp und träge. Es machte keinen Spaß mehr, mit ihm zu spielen. Johann und mir kam es vor, als wolle er schlafen. Deshalb haben wir ihn auf dem Speicher versteckt. Ein Jahr später nun schreibe ich diesen Brief und vergrabe ihn in einer Kassette im Garten. Neben den Ball auf dem Dachboden lege ich einen Hinweis, der zu der Kassette führt. Das kleine Rätsel kann ich mir einfach nicht verkneifen. Ich liebe Rätsel. Das alles ist nur für den Fall, dass der Ball in seinem Versteck gefunden wird, während er immer noch seinen Winterschlaf hält. Tut ihm nichts. Passt auf ihn auf. Er ist etwas ganz Besonderes. Irgendwann wird er sich rühren. Ich bin mir sicher.   Norbert

Tom war sprachlos. Der Brief ließ keinen Zweifel mehr zu.

„Ohne den Ball wäre mein Großvater gar nicht so ein überragender Kicker geworden", ging Tom plötzlich ein Licht auf. „Dann kann ich es doch auch schaffen. Ich brauche nur den Ball zurück."

Und dann war da diese Geschichte mit Bern. Die würde er irgendwann nachlesen. Vielleicht war der Ball eine echte Berühmtheit.

Tom platzte schier vor Stolz und Spannung. Er hielt es hier in Mainz einfach nicht mehr aus.

Tom musste den Ball finden. Er musste der letzten Spur nachgehen, die der Ball hinterlassen hatte. Dem Brief von Salvatore.

Auf nach Sizilien.

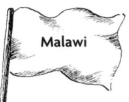

Malawi   Mucawe
will Fußballer werden

Mucawe, der in Afrika lebte, wusste nichts von Tom, dem Zauberball und überhaupt wenig von der Welt. Jedenfalls, wenn man die Welt als das bezeichnete, was außerhalb seines Dorfes lag. Der Junge saß auf seinem Einbaum und spießte Fleischstückchen auf Fahrradspeichen auf. Das Fleisch hatte er zuvor sorgfältig in Salz eingelegt. Dann hielt er die Spieße geschickt über die kleine Feuerstelle, die sich zwischen seinen Füßen befand, um sie goldbraun zu rösten.

Dies tat er jeden Tag um diese Zeit. Er orientierte sich dabei am Stand der Sonne. Wenn die Sonne genau hinter dem Felsvorsprung zu verschwinden drohte, entfachte er das kleine Feuer und begann mit seiner Arbeit. Jetzt würde es nicht mehr lange dauern, bis seine Lieblingsschwester Gira aus der Schule kam.

Mucawe blickte auf den riesigen, blauen Malawisee, dessen Ende im flimmernden Horizont verschwand, und ließ seinen Gedanken freien Lauf. Dabei sah er den Fischern zu, die ihre Netze in den See warfen. Wenn Mucawe ehrlich war, hatte er wenig Lust, in die Fußstapfen seines Vaters zu treten. Für ihn gab es etwas weitaus Schöneres, als sein ganzes Leben in Chilumba, ihrem kleinen Dorf, zu verbringen.

Mucawes allergrößter Traum war, keine Fische, sondern den Ball im Netz zappeln zu sehen – und zwar im Tor seines Gegners. Am liebsten wollte er als bester Fußballer aller Zeiten in die Geschichte eingehen.

„Und wenn das nicht klappt, dann werde ich eben der klügste Junge von Afrika", stellte sich Mucawe vor.

„Aber dafür muss ich erst mal in die Schule gehen", überlegte er. „Das bezahlt mein Vater nie im Leben."

Doch heute war kein Tag für trübe Gedanken. Heute war Mucawes Ehrentag. Vor mehr als zwölf Ernten war er geboren worden.

„Vielleicht bekomme ich von einer der drei Frauen, die zu Papa gehören, ein neues T-Shirt geschenkt oder meine ersten, richtig festen Schuhe?", dachte der Junge.

„Ich möchte später auch mindestens drei Frauen haben", malte sich Mucawe aus.

Er war ziemlich stolz auf seinen Vater und darauf, dass er sich mehr als eine Frau leisten konnte.

Obwohl Geburtstage in seinem kleinen Dorf kaum gefeiert wurden, spürte er, dass es heute ein ganz besonderer Tag werden würde. Schon beim Aufwachen hatte er ein so merkwürdiges Kribbeln im Bauch. Mucawe sah an sich herab, und was er da erblickte, gefiel ihm gut. Er war im Vergleich zu den anderen Jungs aus seinem Dorf sehr groß gewachsen und schien niemals auch nur ein Gramm Fett auf seine Rippen zu bekommen. Er trug seine schwarzen, gelockten Haare wie die meisten Jungen in sogenannten Corn Rows, einer Rastafrisur. Das war super bequem. Man musste diese widerspenstigen Dinger niemals bürsten, die Haare wurden einfach an der Kopfhaut entlang geflochten. Das sah toll aus und außerdem schwitzte man auf dem Kopf nicht allzu sehr. Im afrikanischen Malawi konnte es nämlich ziemlich heiß werden.

„Was für ein Glück, dass wir direkt am See wohnen", dachte er gerade, als er einen Schlag auf die Schulter spürte.

„Hey, altes Haus, alles Gute. Und wie das wieder riecht, hm, du bist der beste Bruder von allen."

Gira setzte sich lachend neben ihn. Dabei nahm sie Mucawe den fertigen Spieß aus der Hand und zog genüsslich das erste Stück Fleisch von der Fahrradspeiche. Mucawe schaute seine Schwester an. Sie trug ihre Schuluniform, die so wunderschön zu ihrer dunklen Haut passte. Dunkelblaue Jacke, einen kurzen weißen Faltenrock und dazu passende weiße Strümpfe, die ihr bis unter das Knie gingen. Ihre Füße steckten in schwarzen Schuhen, die man extra für sie aus alten Gummireifen geschustert hatte. Ihr weißes Tuch hatte sie lässig um den Hals gebunden.

Auch Gira hatte ihre Haare geflochten. Zwei Zöpfe hingen ihr fast bis zum Bauchnabel. Mucawe wusste, dass dies ihr ganzer Stolz war und all die Überredungskünste der Dorfbewohnerinnen, sich doch endlich die Haare glätten zu lassen, wie das die modernen Frauen in der Stadt taten, schienen an ihr abzuprallen.

Mucawe fand alles toll an seiner Schwester. Er hätte auch gerne eine schicke Schuluniform gehabt. Natürlich mit kurzer Hose, versteht sich. Doch sein Vater konnte sich das Schulgeld nur für ein Kind leisten und Gira war nun mal die Älteste. Sie plante, später in der nächstgrößeren Stadt Caronga eine Ausbildung zur Krankenschwester zu machen. Das kam der ganzen Familie zugute, da Gira ihren Lohn zu Hause abgeben würde.

Mucawe hatte sieben Geschwister. Sie lebten alle zusammen in zwei Hütten, die die Großfamilie eigens aus Sand, Schlamm und Kuhdung gebaut hatte. In ihrer Mitte befand sich die Feuerstelle, auf der Maisbrei gekocht wurde.

Mucawe und seine Geschwister schliefen auf dem Boden rund um die Feuerstelle, die Tag und Nacht am Lodern gehalten wurde.

Die Erwachsenen machten es sich in der Hütte nebenan gemütlich. Dort gab es sogar eine Art Tapete an den Wänden. Diese bestand aus auseinandergefalteten und anschließend in der Sonne getrockneten Milchtüten, die der Vater im Laufe der Jahre gesammelt hatte. Immer wenn er aus der Stadt zurückkam, brachte er neue Tüten mit, das ergab ein schönes Muster und verbarg die kahlen, braunen Wände. Im nächsten Jahr würden sie anfangen, die Kinderhütte zu verschönern, versprach ihr Vater.

Mucawe allerdings hatte da wenig Hoffnung. Von seiner Schwester wusste er, dass Vater dies schon seit der Geburt von Mucawe ankündigte. Aber auch ohne Tapete waren sie glücklich. Immerhin lebten sie sehr gut von dem, was ihr Vater beim Fischfang an Land zog. Außerdem hatten sie im Überfluss Früchte und Gemüse, die sie selbst anpflanzten.

„Mucawe? Wo bist du mit deinen Gedanken?" Gira schaute ihn neugierig an.

„Ich denke gerade daran, dass ich entweder Fußballprofi werde oder eines der klügsten Kinder von ganz Malawi. Und eins weiß ich mit Sicherheit, später werde ich alle meine Kinder zur Schule schicken."

Gira lächelte ihn verständnisvoll an.

„Ach Mucawe, wenn ich das Geld hätte, würde ich dir das Schulgeld heute noch bar auf die Hand geben. Und dazu noch einen Fußball aus echtem Leder. Aber selbst für einen Ball", fügte sie hinzu, „wird es noch einige Ernten dauern, bis ich das nötige Kleingeld zusammengespart habe."

Da wurde ihr Gespräch durch einen Konvoi herannahender Fahrzeuge unterbrochen. Der erste Jeep hielt mitten am Strand, es folgten drei weitere Geländefahrzeuge.

Schon seit Tagen gab es unter den Dorfbewohnern kaum noch ein anderes Gesprächsthema als diese Weißen, „Muzungus", wie Malawier sie nannten. Sie hielten sich in ihrem Land auf, um nach Zähnen und Knochen ihrer Vorfahren zu suchen. Viele Dorfbewohner hatten auf diese Weise kurzfristig Arbeit gefunden.

Sie fuhren mit den Weißen in das Landesinnere, gingen dort stundenlang mit gesenktem Kopf umher und suchten fieberhaft nach versteinerten Knochen. Die Aufgabe der Arbeiter bestand darin, dass sie, sobald sie etwas entdeckten, was nicht wie ein Holzstück oder nach einem Stein aussah, einfach zu rufen anfingen, bis jemand das Gefundene in Augenschein nahm. Und wenn man großes Glück hatte, handelte es sich tatsächlich um etwas Brauchbares für die Weißen. Dann bekam man dafür sehr viel Geld, und manchmal brachte ein Dorfbewohner auch Cola in Glasflaschen als Lohn nach Hause.

Im Nu versammelten sich alle Dorfbewohner am Strand. Die Kleinsten fingen an zu weinen. Viele von ihnen hatten noch nie weiße Menschen mit hellen, glatten Haaren gesehen. Ihre Mütter nahmen sie sofort auf den Arm und gaben ihnen die Brust, um sie zu beruhigen.

Mucawe hatte schon Kontakt mit Muzungus gehabt. Er begleitete seinen Vater manchmal ins nächste Dorf und da trafen sich die Weißen in der einzigen Bar, die einen Kühlschrank hatte, um sich mit kalten Getränken zu versorgen.

„Komische Leute", dachte Mucawe. „Sie sind hier, um nach Knochen zu suchen. Wenn sie Geld suchten oder Fußbälle, das würde ich verstehen, aber Knochen?"

Als Mucawe zum ersten Mal hörte, was die Weißen vorhatten, bekam er einen ordentlichen Schrecken, aber sein Vater hatte ihm erklärt, dass die Muzungus mit guten Absichten kämen.

„Sie nehmen die Zähne und Knochen von unseren Ur-ur-ur-ur-ur-Vorfahren, um herauszufinden, woher der erste Mensch gekommen ist", erklärte sein Vater. „Und vielleicht kommt er ja aus unserem schönen Malawi, dem warmen Herzen Afrikas."

Mucawe hatte dazu seine ganz eigene Meinung: „Wen interessieren Knochen?", dachte er.

Die Muzungus breiteten Decken am feinen Kieselstrand

aus. Dann holten sie Kisten mit Getränken aus ihren Autos und stellten diese zum Kühlen in den See. Dabei redeten sie unaufhörlich in einer fremden Sprache aufeinander ein.

Mucawe entdeckte einen Jungen, etwa in seinem Alter, der nur mit einer Badehose bekleidet leichtfüßig in den See rannte und kopfüber eintauchte. Die meisten Erwachsenen taten es dem kleinen Jungen gleich und sprangen ebenfalls direkt in den See. Dabei trugen die Frauen Stoffe, um ihre Brüste und ihren Unterleib zu verdecken.

„Auch merkwürdig", dachte Mucawe. Seine Schwestern, Mütter, Tanten und Großmütter liefen das ganze Jahr nur mit Tüchern, sogenannten „Chitenge", um die Hüften herum.

Mucawe löschte die Feuerstelle und setzte sich zu seinen Freunden in gehörigem Abstand von den Muzungus auf die Kiesel. Die Kinder kicherten. Manche klatschten vor Freude über den Anblick der Fremden in die Hände. Andere versteckten sich hinter den Rücken ihrer älteren Geschwister.

Als die Weißen mit Schwimmen fertig waren, ließen sie, zum Erstaunen aller Zuschauer, aus Plastikflaschen flüssiges Zeug in ihre Hände laufen und schmierten sich dieses dann an alle Körperteile und auf die Haare. Das Zeug, das die Weißen „Shampoo" nannten, machte viel Schaum und roch nach etwas, das Mucawe nicht kannte.

Die Kinder hielten noch größeren Abstand. Man wusste ja schließlich nicht, was man von Menschen halten sollte, die Knochen und Zähne ihrer Vorfahren mit in ein fremdes Land nehmen wollten.

„Und die sich dann auch noch mit einer Art Seife einreiben, die meine Mutter nur zum Waschen unserer Tücher be-

142

nutzt und die ihre ohnehin schon weißen Körper noch weißer macht", wunderte sich Mucawe.

So ein komisches Verhalten kannten sie sonst nur von Leuten wie Masambo. Ein Krieger, Fischer und vor allem ein begnadeter Spaßmacher, der Malawi bald verlassen und hinaus in die weite Welt ziehen wollte. Davon redeten viele im Dorf, aber Masambo würde eines Tages wirklich gehen, da war sich Mucawe sicher.

„Er ist wirklich etwas Besonderes", dachte er. „Nicht nur, weil sein Vater ein wichtiger Stammesführer war."

Die Leute seines Stammes sagten, dass er das zweite Gesicht hatte, Dinge sehen konnte, die andere nicht sahen. Davon verstand Mucawe nicht viel. Er staunte lieber, wenn Masambo mal wieder aus Fell, Federn oder eben allem, was er finden konnte, lustige Verkleidungen bastelte oder wenn er mit den ulkigsten Gegenständen Jonglierkunststücke vollführte.

„Er ist verrückt", dachte der Junge. „Genau wie diese Weißen."

Plötzlich wurde Mucawe auf ein Geräusch aufmerksam, das außer ihm wohl niemand zu hören schien. Ein lautes Klopfen, eine Art Poltern. Mucawe schlich sich unbemerkt von den anderen, die ihre ganze Aufmerksamkeit auf die merkwürdigen Muzungus richteten, davon. Er ging in Richtung Fahrzeug. Nein, eigentlich wurde er, wie an ein unsichtbares Seil geknotet, zu dem Fahrzeug gezogen. Mucawe kam sich vor wie in Trance. Seine Füße bewegten sich ohne sein Zutun. Irgendetwas zog ihn magisch an.

Und dann sah er es.

Im Heck, dort wo normalerweise die Arbeiter saßen, die die Weißen mit zu ihren Ausgrabungen nahmen, hopste ein echter Lederball auf und ab. Mucawe traute seinen Augen nicht. Er hatte erst ein Mal vor vielen, vielen Ernten einen echten Lederball gesehen. Dies war, als er seine Schwester nach Caronga begleiten durfte. Dort hatte er die „Großen" kicken sehen. Und von diesem Moment an hatte ihn der brennende Wunsch erfüllt, selbst einmal zu diesen Auserwählten zu gehören. Er hatte mondelang davon geträumt, einmal gegen einen echten Lederball treten zu dürfen.

Seine Freunde und er liebten es, den ganzen Tag mit Fußballspielen am Strand zu verbringen. Um sich einen Ball zu bauen, hatten sie viele Tage und Wochen Lumpen, getrocknete Gräser und Schnüre, die sie sich von den Fischfängern erbettelten, gesammelt. Alle Materialien wurden zum Trocknen auf heiße Steine gelegt und anschließend zu einem festen Knäuel verschnürt. Dieser Ball hielt meist nur eine Fischfangperiode. Dann ging die Bettelei nach neuen Schnüren von vorne los.

Mucawe hatte von der Fußballweltmeisterschaft im fernen Deutschland gehört. Spieler aus Italien hatten gewonnen, einem Land, das wie ein Stiefel aussah. Für Mucawe, der immer barfuß ging, eine seltsame Vorstellung.

Mucawes Schwester brachte manchmal Zeitungsausschnitte mit. Dann versammelte sich die ganze Familie um das Feuer und Gira musste alles laut vorlesen. Vor allem, wenn es um Fußball ging. Alle sprachen sie immer wieder die Namen der wirklich großen Kicker nach. Mucawe kannte sie alle: Ballack, Beckham, Zidane …

Allein der Klang, wenn seine Schwester diese Namen aussprach, überzog seinen Rücken mit Gänsehaut.

Und nun war Mucawe einem echten Lederball so nah wie nie zuvor in seinem Leben.

Malawi Mucawe freundet sich mit einem weißen Jungen an

Mucawe rannte, so schnell er konnte, zurück zu seiner Schwester und zog sie an den Ärmeln ihrer blauen Schuluniform.

„Du musst mir helfen. Es geht um Leben und Tod", ereiferte sich Mucawe. Mehr konnte er nicht sagen. Er musste so schnell wie möglich zu dem Ball zurück.

„Hoffentlich ist er noch da", dachte er, während er zurück zu dem Fahrzeug sprintete.

Gira rannte hinter ihrem Bruder her. Außer Puste kam sie bei dem Geländewagen an. Mucawe presste Nase und Stirn fest an die Heckscheibe, dabei versuchte er, sich mit beiden Händen vor der reflektierenden Sonne zu schützen, als suche er irgendetwas.

„Was gibt's denn so Lebenswichtiges in einem Auto zu sehen?" Gira hielt sich die Seiten und atmete schwer.

„Ein Ball, hier war ein Ball drin. Glaub mir. Ehrlich. Aber er ist weg!" Mucawe sank erschöpf nieder.

„Lass mal sehen", sagte Gira. Sie nahm ihr Halstuch ab,

hielt es sich so über den Kopf, dass es Schatten spendete, und drückte ihr Gesicht fest an die Fensterscheibe.

„Da!", rief sie nach einer Ewigkeit. „Schau, hier in der Ecke liegt der Ball. Wow, ist der schön."

Mucawe war im Bruchteil einer Sekunde wieder auf den Beinen. Er versuchte nun, von einer anderen Seite einen besseren Blick erhaschen zu können. Und tatsächlich: Da lag der Lederball friedlich in der Ecke. Nichts wirkte besonders. In diesem Moment hörte Mucawe seine Schwester aufschreien.

„Das kann ich nicht glauben. Bei allen guten Geistern. Himmel hilf …" Sie wollte gerade davonlaufen, aber Mucawe hielt sie fest.

„Los, sag schon, was ist?", drängte er sie.

„Da, da, dadada …", stotterte Gira: „Dadadadadada, da auf dem Ball leuchtet dein Name auf."

Jetzt sah es Mucawe auch. Er konnte zwar nicht lesen oder schreiben, aber die Buchstaben seines Namens hatte er zu malen gelernt. Er hätte seinen Namenszug unter Tausenden von Wörtern erkennen können. Und da stand er nun: Mucawe.

„Gira, aber da ist noch etwas unter meinem Namen. Bitte, du musst mir sagen, was da noch draufsteht."

Gira näherte sich nur zögerlich der Heckscheibe. Sie schien sich in Zeitlupe zu bewegen. Mucawe konnte sehen, dass seine Schwester vor Aufregung am ganzen Körper zitterte. Doch zum Glück siegte ihre Neugierde.

Und als ob der Ball nur darauf gewartet hätte, begann er, genau in dem Moment, als Gira ihre Nase an der Scheibe platt drückte, mit einem donnernden Kawumm gegen das Glas zu springen. Gira erschrak so sehr, dass Mucawe hinterher tatsächlich hätte schwören können, dass ihre geflochtenen Zöpfe für einen kurzen Moment waagrecht von ihrem Kopf abstanden. Und ehe sich Mucawe versah, nahm Gira ihre Beine in die Hand und lief, so schnell sie konnte, unter lautem Gebrüll in Richtung Hütte.

Mucawe erstickte fast an seinem Lachen. Als er sich wieder gefasst hatte, sah er zwei weiße Männer und eine Frau auf sich zukommen. Sie deuteten in seine Richtung und lachten ihn dabei an. Mucawe blieb mutig am Wagen stehen. Nun standen die Männer direkt vor ihm. Sie sagten etwas, das Mucawe nicht verstand. Mucawe nahm all seinen Mut zusammen und deutete auf das Innere des Wagens. Die Männer und die Frau blickten sich an. Dann lächelte die Frau und öffnete die Heckklappe. Die Männer gingen wieder zum See.

Mucawe sah den Lederball immer noch friedlich in seiner Ecke ruhen.

„Ich bin Silke", stellte sich die Frau vor. „Und du bist Mucawe?" Sie zeigte auf sich und dann auf ihn. Der Junge nickte.

„Du kennst mich?", fragte er in seiner Landessprache, mit der die fremde Frau offenbar etwas anzufangen wusste.

„Na eigentlich ist es mehr der Ball, der dich kennt", schmunzelte sie verschwörerisch. Er begriff nicht, was sie ihm sagen wollte, aber ihm gefiel der freundliche Gesichtsausdruck der Frau.

„Der Ball gehört jedenfalls dir. Er sucht sich nämlich selbst aus, wem er gehört. Vor dir hat ihn ein Mädchen namens Jenny besessen, in Amerika, das ist ganz weit weg von hier. Der Ball hat ihr geholfen, dass sie wieder laufen und ganz toll Fußball spielen kann. Sie ist weltklasse im Tor."

Obwohl die nette Frau Chichewa sprach, kapierte Mucawe rein gar nichts. Trotzdem lächelte er nett zurück und deutete noch einmal mit Nachdruck mit dem Zeigefinger abwechselnd auf sich und dann auf den Ball.

Die Frau hatte längst begriffen. Inzwischen kamen die beiden Männer zurück. Der eine trug eine lustige runde Sonnenbrille auf seiner riesen Nase, und der andere hatte lange Zottelhaare auf dem Kopf und im Gesicht.

„Schau mal, Jimmy, das ist Mucawe", sagte sie zu dem Mann mit der Sonnenbrille und gab ihm einen Kuss.

Jimmy nickte Mucawe freundlich zu, ohne weiter Notiz von ihm zu nehmen. Er schien nur Silke wahrzunehmen, die er mit lachenden Augen anblickte.

Inzwischen hatte sich Gira von ihrem Schock erholt und sich wieder an die Gruppe herangepirscht.

Die Frau winkte Gira zu sich. „Der Ball ist für deinen Bruder. Er gehört ihm."

Gira strahlte. Silke – in Amerika hatte man sie nur „PF" genannt – drückte dem überglücklichen Jungen den Ball in die Hand.

„Pass gut auf ihn auf."

Der Junge packte sich den Ball, warf der Frau einen dankbaren Blick zu und flitzte davon.

Mucawe hielt den Ball mit weit von sich gestreckten Armen in den Händen und sah ihn sich genau an. Sein Herz schlug wie hundert Buschtrommeln. Er drehte den Ball von einer Seite zur anderen. Ließ ihn von seiner flachen

Hand in Richtung Ellenbogen gleiten und wieder zurück. Erst dann, ganz langsam, drückte er den Ball gegen seine Brust, sog den Geruch von Leder in sich auf und streichelte dabei gleichzeitig immer und immer wieder mit der Wange über den Ball. Er konnte sein Glück nicht fassen. Heute an seinem Geburtstag hatte sich sein größter Wunsch erfüllt: Er hielt einen echten Lederball in seinen Händen.

Und nicht nur das. Dieser Ball gehörte definitiv und unwiderruflich zu ihm. Schließlich hatte ja sein Name darauf gestanden und das Land, in dem er geboren wurde.

Mucawe ging mit seinem Schatz in Richtung Hütte. Er wollte erst mal mit dem Ball alleine sein.

Gira folgte ihm. „Mucawe, hast du gehört, was die weiße Frau erzählt hat? Der Ball hat in Amerika einem Fußballmädchen namens Jenny gehört, die nicht laufen konnte. Aber jetzt kann sie es wieder. Und Jenny ist wohl ganz toll im Tor. Mucawe, das ist doch ein Wunder."

Mucawe drückte seine Schwester und dachte: „Warum drehen Mädchen immer so leicht durch. Was redet die da? Wieder laufen können. Und überhaupt. Wo dürfen Mädchen Fußball spielen? Das gibt es nicht mal in der Stadt."

Fragen, auf die er im Moment keine Antwort finden wollte. Denn Mucawe war vollkommen von dem Gefühl überwältigt, einen Ball zu besitzen. Seine Gedanken hüpften wie ein kleiner Ast auf den Wellen des Malawisees, unberechenbar in alle Richtungen.

„Du bist wunderbar", sagte er strahlend zu seiner Schwester, und Mucawe meinte eigentlich den Ball, den Moment, einfach alles.

Der kleine Afrikaner konnte den Blick nicht von der Lederkugel lassen. Und wieder geschah etwas Unergründliches. Mucawe nahm den Ball in seine Hände. Plötzlich flimmerte er, veränderte seine Farbe – bis er genauso schwarz war wie die Hände des Jungen. Mucawe verfolgte das Schauspiel fasziniert. Der Ball hatte seine Hautfarbe angenommen.

„Huch, jetzt sieht er aus wie ich", staunte Mucawe.

Jetzt legte er sich den Ball auf den Oberschenkel, direkt auf die ausgefranste, blaue Hose. Erneut schimmerte der Ball, wurde hellbraun, dann bläulich braun und schließlich blau, genau wie seine Shorts.

Das Spiel begann Mucawe Spaß zu machen. Er drückte den Ball an sein knallgelbes T-Shirt. Jetzt fing die Kugel an zu glimmen, dann zu scheinen – wie eine kleine Sonne. Sie wurde heller und heller, bis sie das knallige Gelb von Mucawes T-Shirt angenommen hatte.

„Du bist ja irre. Das schafft nicht mal Masambo", redete Mucawe gebannt drauflos.

Dann überlegte er kurz. „Bist du sicher, dass du nicht eigentlich zu Masambo gehörst? Der kann auch zaubern."

Der Ball schien ihn verstanden zu haben. Denn nun erschien Mucawes Name erneut auf der Lederoberfläche.

„Wow. Es ist wahr", freute sich Mucawe. „Du willst wirklich zu mir."

Der Junge drückte den Ball vergnügt an sich, der auf einmal wieder wie ein ganz normaler Ball ausschaute.

Plötzlich tippte ihm jemand auf die Schulter. Mucawe legte instinktiv seine Arme fester um den Ball.

Der weiße Junge, der zusammen mit den Knochensuchern gekommen war, stand vor seiner Hütte und deutete erst auf den Ball und dann auf seine Füße. Dann sagte er etwas in seiner Muttersprache, die Mucawe nicht verstand.

Wollte der Junge ihm etwa den Ball abnehmen? Mucawe war kampfbereit.

Aber zum Glück machte der Junge keinerlei Anstalten, nach dem Ball zu greifen. Er deutete nur immer wieder mit dem ausgestreckten Zeigefinger erst auf Mucawe, dann auf sich selbst, dann auf den Ball und dann auf seine Füße. Jetzt endlich verstand Mucawe.

Der Junge wollte mit ihm kicken.

„Warum nicht?", dachte Mucawe und ging mit dem Jungen zum Strand. Dort legten die beiden los. Sie versuchten, sich den Ball gegenseitig abzuluchsen, führten harte Zweikämpfe um die Kugel, mussten dabei sehr viel lachen. Nach gut zwei Stunden gönnten sie sich die erste Pause und ließen sich erschöpft zu Boden sinken.

Auch der Ball lag für einen Moment still da. Dann hüpfte er Mucawe von ganz alleine auf den Bauch. Danach sprang er dem weißen Jungen erst aufs rechte Knie und landete dann nach einem Looping auf seinem linken Knie.

Der weiße Junge erschrak sich fast zu Tode und stieß einen schrillen Schrei aus. Er sprang in 0,1 Sekunden auf die Beine und wollte weglaufen. Mucawe gelang es dennoch mit einer blitzschnellen Bewegung, ihn am Arm zu packen. Er lächelte sein schönstes Lächeln, zeigte auf den Ball und dann auf sein Herz.

„Freund", sollte das bedeuten. „Der Ball ist unser Freund."

Der weiße Junge hielt inne. Er war zwar noch misstrauisch, verstand aber, was Mucawe ihm sagen wollte. Der Ball verhielt sich wieder vollkommen ruhig. Dann zog Mucawe die schwitzende Hand des Jungen zu dem Ball. Obwohl er ängstlich war, ließ er die Berührung zu. Als seine Fingerspitzen die Lederhülle erreicht hatten, ertönte aus dem Inneren des Balles eine leise Melodie.

Jetzt bekam der weiße Junge Gänsehaut trotz 40 Grad im Schatten. Seine Knie zitterten wie Espenlaub. Dann erkannte er die Melodie. Sie erinnerte ihn an etwas Vertrautes.

„Das ist ein Kinderlied, das hat meine Mom mir immer vorgesungen", sprudelte es aus ihm heraus.

Das Schlottern hörte langsam auf. Mucawe verstand nichts, nur, dass der Junge offenbar keine ganz so große Angst mehr hatte. Zur Sicherheit deutete er noch einmal auf den Ball, dann auf sein Herz und dann auf das Herz des Jungens.

Plötzlich ertönte eine Autohupe. Die Muzungus drängten zum Aufbruch. Mucawe sah den Jungen verlegen an, er wusste nicht so recht, was er sagen sollte. Wie auch? Sie sprachen ja noch nicht einmal ansatzweise die gleiche Sprache.

Der Junge aber streckte ihm freundlich die Hand entgegen und verabschiedete sich mit den Worten: „Hat echt viel Spaß gemacht mit dir. Morgen komme ich auf jeden Fall wieder."

Mucawe allerdings verstand nur: „lkjkdjrospiurrsjioutjgktrischjfjkdjfrffkkda." Er musste laut lachen. In seinen Ohren klang die Sprache des Jungen mehr als witzig.

Da fiel Mucawe ein, dass er gar nicht wusste, wie der Junge hieß. Er zeigte auf seine Brust und sagte „Mucawe".

Dann deutete er auf den Jungen und hob fragend die Schultern.

Der Junge verstand. „Ich bin David", sagte er langsam. Dann wiederholte er noch einmal: „David."

Mucawe fragte gewitzt: „Beckham?"

Da schlug ihm der Junge anerkennend auf die Schulter. Schließlich rannte er zu den wartenden Autos.

David drehte sich noch mindestens fünf Mal nach Mucawe und dem magischen Ball um, den der Afrikaner auf seinem Kopf balancierte. „Hoffentlich kann ich morgen wieder kommen", dachte David.

Mucawe und den Ball wollte er unbedingt wiedersehen.

Der Wunsch ging in Erfüllung. In den nächsten Tagten wurde David jeden Morgen um die gleiche Zeit in das Dorf gebracht und erst spät nach Sonnenuntergang wieder abgeholt.

Mucawe und David verbrachten die meiste Zeit des Tages mit Fußballspielen. Zwei Fischernetze waren ihre Tore, dann ging es los, eins gegen eins, beide barfuß. David spielte gut, aber Mucawe war nur selten zu schlagen.

Bei einem ihrer Lieblingsspiele steckten sie mehrere Bambusstöcke in den Sand. Sie stellten sich vor, dass die Stöcke ihre Gegenspieler waren. Mucawe und David flitzten mit dem Ball am Fuß auf ihre imaginären Gegenspieler zu und umkurvten sie im Slalom. Von Tag zu Tag verkürzten sie die Abstände zwischen den Stöcken, bis sie den Ball ganz eng führen konnten. Immer schneller, immer geschickter sprinteten die beiden durch den Stangenwald.

Für eine weitere spielerische Trainingseinheit knüpften sie ein Seil an einen Ast, befestigten den Ball mit einer

Schlinge und ließen ihn pendeln. So trainierten sie perfekte Kopfbälle – wieder und wieder. Der ganze Tag war ein einziges Vergnügen. Sie hatten so viel Spaß, dass sie gar nicht merkten, wie die Zeit verging.

Und wenn sie erschöpft zu Boden sanken, stupste, kitzelte und neckte der Ball sie so lange, bis sie wieder mit ihm spielten.

Drohte die Mittagshitze sie zu verbrennen, ließen sie sich im Schatten der großen Bäume in Hängematten nieder und erzählten sich – mit Händen und Füßen – Geschichten aus ihrer Heimat. Abends, kurz bevor David abgeholt wurde, tobten sie noch einmal wie wild mit dem Ball über den Strand.

Den krönenden Abschluss bildete jeden Abend der gemeinsame Sprung von den Klippen in den Malawisee. Dabei hielten sie sich an den Händen und schrien so laut, dass Mucawes Schwester sicher war, dass man die beiden bis nach Zimbabwe hören konnte.

Wenn es nach ihnen gegangen wäre, hätte diese schöne Zeit niemals zu Ende gehen dürfen. Doch schon bald waren die Ferien für David vorbei und er würde mit seinem Vater zurück in seine Heimat reisen und wieder zur Schule gehen müssen.

„Du, Mucawe, ich wünschte, du könntest schreiben. Dann könnten wir uns viele Briefe schicken und …"

Mucawe sah David verständnislos an. Sie hatten sich gegenseitig einige Wörter beigebracht. Er konnte „Tor, Fußball, Foul, Elfmeter, essen, schwimmen, ballaballa, Freund, springen, Auto …" und noch einiges mehr sagen, aber ganze Sätze? Nein, dafür war die Zeit nun wirklich viel zu kurz gewesen.

„Schade, dass du mich nicht verstehen kannst, Mucawe", bedauerte David.

Gira hatte sich zu ihnen gesellt. Jetzt war die Verständigung leichter. Sie konnte übersetzen.

„Ach, ich wünschte, ich könnte lesen und schreiben", sagte Mucawe und Gira wiederholte alles noch einmal in Englisch.

„Weißt du, David", fuhr Mucawe fort, „dann könnte ich dir wenigstens einen Brief nach Hause schicken und dir die Neuigkeiten aus unserem Dorf erzählen ..."

„Ja, das wäre toll", sagte David.

„Kann ich euch jetzt alleine lassen? Ich möchte eine Runde schwimmen gehen", fragte Gira. Und schon lief sie zum Ufer und sprang ins Wasser.

Die Jungs saßen schweigend Schulter an Schulter am Strand und schauten aufs Wasser, in dem ab und zu der Kopf Giras prustend auftauchte. Sie hatten beide nicht bemerkt, dass der Vater von David schon seit Längerem hinter ihnen stand, gelauscht hatte und lautlos und nachdenklich wieder verschwunden war.

Am nächsten Morgen hieß es Abschied nehmen. Jedoch zum Erstaunen Mucawes sprang David froh gelaunt aus dem Jeep, umarmte ihn, hielt ihn an den Händen, nahm Anlauf und machte einen perfekten Salto.

„Die spinnen, die Weißen", dachte Mucawe. Er war traurig angesichts des Abschieds von seinem Freund und konnte nicht verstehen, warum David so übermütig war.

Auf dem Platz, wo die voll bepackten Jeeps standen, wurde es nun voller und voller. Jetzt erschienen auch der Vater von David, sein eigener Vater, und überhaupt das ganze Dorf schien schon auf den Beinen zu sein.

Mucawes Verwirrung wurde immer größer. Denn nun kamen sein Vater und der von David freudestrahlend auf ihn zu, als hätte er gerade den größten Fisch aller Zeiten aus dem Malawisee an Land gezogen.

„Sind denn jetzt alle übergeschnappt?", fragte sich Mucawe.

Da sagte der Vater von David in lupenreinem Chichewa, Mucawes Landessprache, zu ihm: „Mucawe, wir feiern in unserem Land ein Fest, das nennt sich Weihnachten. An diesem Tag dürfen sich alle Kinder etwas wünschen. Und wenn es uns Erwachsenen möglich ist, dann geht dieser Wunsch auch in Erfüllung ..."

„Was will der Mann von mir?", dachte Mucawe.

Davids Vater sprach einfach weiter: „Und mein Sohn David hat sich zu Weihnachten gewünscht, dass du ihm Briefe schreiben könntest ..."

Mucawe lachte nun laut auf: „Und dieser Wunsch geht nun einfach so in Erfüllung?", fragte er.

„Nein, natürlich nicht", antwortete Davids Vater ernst.

„Damit dieser Wunsch in Erfüllung gehen kann, musst du natürlich eine Schule besuchen."

Mucawe schlotterten die Knie, er täte nichts lieber als das. Doch woher sollte sein Vater das Schulgeld nehmen?

Der Mann sagte fast schon feierlich: „Damit du wirklich zum Unterricht gehen kannst, werden wir deinem Vater jeden Monat einen Scheck schicken, damit er davon die

Schulgebühren zahlen und dich zur Schule schicken kann. Na, wie findest du das? Einzige Bedingung ist, dass du alle zwei Wochen etwas von dir hören lässt."

Jetzt verstand Mucawe. Deshalb waren alle Dorfbewohner auf den Beinen und deshalb führte sich David so gespannt und unruhig auf, als hätte ihm eine Horde Moskitos in den Allerwertesten gestochen.

„Jaaaaaaaaaaaaaa", brüllte Mucawe nun aus voller Kehle: „Natürlich will ich zur Schule gehen und jaaaaaaa, ich will auch öfter als alle zwei Wochen schreiben und jaaaaaaaaaa!"

Aber schon hatte ihn David wieder an den Händen gepackt und nun schlugen sie gemeinsam ein Rad und setzten noch einen Salto obendrauf.

Als Mucawe am späten Abend zusammen mit Gira in der Hütte lag, redeten sie noch lange über die letzten Tage. Gemeinsam mit dem Ball kam David in Mucawes Leben und mit David der heiß ersehnte Schulbesuch. Der Ball hatte die beiden zusammengebracht, darin waren sich die Geschwister einig.

„Ist das nicht spitze?", fragte Mucawe in die Dunkelheit. „Ich werde lesen und schreiben lernen."

Seine Schwester schaute ihn liebevoll an und machte Licht mit einer Kerze.

„Warum so lange warten, Mucawe?", antworte sie. „Komm, ich zeig dir, wie es geht. Heute schreibst du deinen ersten Brief."

Sie nahm ihren Schreibblock aus der Tasche und legte ihn sich auf den Schoß. Mucawe rückte näher an sie heran. Dann nahm sie einen Stift und malte fein säuberlich in

Großbuchstaben die Worte: *MUCAWE MALAWI DANKE* auf das Papier.

„Und nun du", sagte sie.

Zögernd nahm Mucawe Block und Stift in die Hand und fuhr die Buchstaben nach.

„Das ist ja gar nicht so schwer", dachte er mit vor Anstrengung heraushängender Zunge.

„David wird staunen, wenn er schon so bald seinen ersten Brief von mir bekommen wird."

Freudestrahlend drehte er sich zu seiner Schwester um, um ihr sein Meisterwerk unter die Nase zu halten. „Schau, was dein Schüler fertiggebracht hat."

Doch er erhielt keine Antwort mehr. Seine Schwester atmete tief und gleichmäßig. Unter Mucawes Decke regte sich stattdessen der Ball. Es schien, als wolle er ihm statt Gira antworten. Mucawe hob die Decke vorsichtig nach oben.

Der Ball ruckelte und zuckelte, machte seltsame Drehbewegungen und langsam, ganz langsam, erst Stecknadelkopf klein, dann immer größer und größer werdend, kam aus dem Inneren des Balls ein Licht zum Vorschein.

Es war anders als alles, was er bisher gesehen hatte. Mucawe musste für einen kurzen Moment die Augen schließen, so sehr wurde er von dem hellen Licht geblendet.

Als er seine Augen wieder öffnete, hatte der Ball Buchstaben auf das Rund gemalt. Lange, lange sah Mucawe sich diese Zeichen an. Der Ball hielt dabei ganz still.

Doch nach einiger Zeit kam er wieder in Bewegung, er hopste von der Matte in Richtung Ausgang der Hütte. Mucawe wollte den Ball festhalten. Doch dieser sprang höher und höher und irgendwann verschwand er einfach in der Dunkelheit.

Mucawe setzte sich an die Feuerstelle. Im Schein des Feuers malte er mit einem Stock auf den Boden, was er auf dem Ball gesehen hatte: Winston England.

Am nächsten Morgen war nicht nur der Ball, sondern auch Masambo verschwunden.

Mucawe spürte irgendwie, dass er auch diesen bunten Vogel eine Weile nicht mehr sehen würde.

David kam noch ein vorerst letztes Mal vorbei.

„Für dich", sagte Mucawe und gab ihm seinen ersten selbst geschriebenen Brief. David wollte ihn sofort öffnen, doch Mucawe hielt sein Hand zurück. David verstand. Er sollte ihn später lesen. Der Junge hatte auch etwas für seinen afrikanischen Freund.

„Und das ist für dich", sagte er in malawischer Landessprache. „Schließ die Augen und streck die Hände aus."

Mucawe schloss die Augen und verzichtete sogar darauf, zu blinzeln. Auf seinen Händen fühlte er etwas Weiches. Vielleicht war es ein Kleidungsstück.

„Jetzt kannst du die Augen wieder öffnen."

Mucawe hielt ein Trikot der englischen Nationalmannschaft in den Händen. Den Namen erkannte er sofort: David Beckham.

Mucawe umarmte seinen Freund so stürmisch, dass sie beide fast in den Sand gefallen wären.

„Danke, Zikomo, Zikomo", sagte er.

Plötzlich ertönte eine Hupe.

„Mein Vater. Ich muss weg, Mucawe", sagte David.

Dann umarmten sie sich noch einmal und David flitzte davon.

Mucawe aber wurde im Dorf bald nur noch der kleine Beckham genannt.

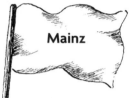

Mainz — Tom will zu seinem Freund Salvatore und dem Ball

Der Ball war auf dem Weg nach England, aber das wusste Tom natürlich nicht. Er war fest davon überzeugt, seinen runden Freund bei Salvatore in Sizilien zu finden. Seit Wochen konnte er an nichts anderes mehr denken. In seinem Kopf spulte sich zum tausendsten Mal der gleiche Film ab.

Erste Szene: Sparschwein plündern.

Zweite Szene: Rucksack packen. In Italien war es bestimmt warm. Eine kurze Hose sollte also ausreichen.

Dritte Szene: Eltern einen Brief schreiben.

Vierte Szene: Auskunft anrufen, wann der nächste Zug nach Italien geht.

Fünfte Szene: Brief von Opa einpacken. Den musste Salvatore sehen.

Ende der Woche würde es so weit sein. Sein Plan war perfekt. Freitags hatte er nachmittags AG, Italienisch. Seine Eltern würden ihn erst am frühen Abend vermissen. Somit hatte er also einen Vorsprung von etwa neun Stunden. Die

Zugfahrt nach Agrigento würde zwar mehr als 30 Stunden dauern. Aber wer käme auf die Idee, ihn in einem Zug zu suchen? Zumal in einem, der nach Sizilien fuhr.

Das Sparschwein hatte er bis auf den letzten Cent geplündert. Tom kam auf einen beachtlichen Betrag von 347 Euro und 57 Cent.

„Das Sparen hat sich also tatsächlich gelohnt", dachte er zufrieden.

Zu der kurzen Hose hatte er noch eine Zahnbürste und sein Klose-Trikot gepackt.

„Aber das muss jetzt wirklich reichen. Ich bin doch kein Packesel", dachte er sich.

Für Proviant war auch gesorgt. Tom hatte alle Pausenbrote der vergangenen drei Tage aufgehoben und sie in seinem Rucksack verschwinden lassen. Ebenso drei Wasserflaschen und ein paar Äpfel. Verhungern oder gar verdursten würde er ganz bestimmt nicht.

Tom überließ nichts dem Zufall. Selbst das Zugticket hatte er schon.

Wenn er daran dachte, wie er seine Fahrkarte erworben hatte, musste er laut lachen. Tom hatte auf einen DIN A4-Zettel „Allein reisendes Kind. Notfall in der Familie. Muss nach Sizilien. Bitte unterstützen" geschrieben. Damit fuhr er zum Bahnhof und hielt ihn einem gutmütigen, älteren Herrn unter die Nase, der sein Großvater hätte sein können. Dabei zog er in einem fort die Schultern nach oben und machte sein dümmstes Gesicht. Der Schnauzbart musste natürlich denken, dass Tom kein Wort Deutsch sprach. Nachdem ihm Tom sein Geld auch noch geradezu aufdrängte, konnte der Mann nicht mehr anders, als ihm den Fahrschein zu kaufen. Er bedankte sich in einer Art Kauderwelschitalienisch und machte sich schleunigst vom Acker.

Den Zettel würde er noch öfter brauchen. Schließlich war die Fahrt nach Sizilien weit – und auf keinen Fall durfte ihn die Polizei aufgabeln und nach Hause schicken. Oder gar in eine Zelle für Ausreißer sperren. Zur Not gab er sich als taubstummer Italiener aus.

Das Schwierigste war ohnehin der Abschiedsbrief an die Eltern gewesen. Lange hatte er gegrübelt und dann kam ihm ein grandioser Einfall. Tom würde seine Eltern auf eine falsche Fährte locken, indem er kurzerhand alle seine warmen Wintersachen auf dem Dachboden versteckte. So mussten seine Eltern annehmen, dass er unterwegs in den kalten Norden war, während er mopsfidel in Richtung Sonne reiste. Bis sie sein Täuschungsmanöver durchschauten, saß er schon bei Salvatore, mampfte Spaghetti und hatte den Ball auf dem Schoß liegen.

Donnerstagnacht würde er die Kleider umpacken. Ein wenig taten ihm seine Eltern schon leid. Wenn er sich ausmalte, dass seine Mutter vor Sorge vielleicht sogar weinen würde.

Diese Gedanken verwarf er aber ganz schnell wieder.

„Schließlich zwingen sie mich ja regelrecht zu diesem Ausflug. Wenn sie mir glauben würden, dann könnten wir gemeinsam zu Salvatore reisen. Aber so …", sprach Tom sich Mut zu.

Dann notierte er:

Liebe Mama, lieber Papa!

Macht euch um mich keine Sorgen.

Ich muss einem Freund helfen und bin deswegen mal kurz weg.

Wenn ich angekommen bin, melde ich mich.

Euer Tom

PS: Das alles kann ein bisschen dauern.

„Das muss reichen", dachte Tom.

Vor seinem inneren Auge war es schon Freitag.

Im Geiste sah er sich den Brief an seine Eltern unter dem Kopfkissen verstecken und seine Schulsachen unter sein Bett schieben. Er würde sich zum wiederholten Mal vergewissern, dass das Ticket auch wirklich für heute ausgestellt war.

„Dann lasse ich die Fahrkarte in der Hosentasche verschwinden, werfe mir den Rucksack über die Schultern und gehe zum Frühstück. Alles muss aussehen, als ginge ich ganz normal zur Schule", dachte Tom.

Alles war schrecklich aufregend. Er musste nur noch vier Mal schlafen. Tom war bereit – für das größte Abenteuer seines Lebens.

London

Winston will zu seinem Vater

Toms guter Freund Winston stand ebenfalls vor dem größten Abenteuer seines Lebens. Er wusste es nur noch nicht. Fasziniert hörte er dem tiefen Läuten von Big Ben zu. Es war Punkt 16 Uhr. Der elfjährige Junge in schmucker Schuluniform betrachtete beeindruckt das Uhrwerk an der Spitze des Glockenturms. Das Wahrzeichen Londons hatte ihn schon immer gelockt. Winston hatte eine Schwäche für alte Uhren. Sein Blick schweifte weiter zu den neugotischen Türmen und prächtigen Fassaden des Parlamentsgebäudes. Das House of Parliament, in dem die Abgeordneten in altehrwürdigen Gewölbesälen über die Geschicke des Staates bestimmten, besaß für den Jungen eine besondere Bedeutung. Dabei interessierte er sich kein bisschen für Politik. Schließlich spielten Politiker kein Fußball. Sie diskutierten nur ewig herum.

Winstons Neugierde hatte einen anderen Grund. Im House of Parliament arbeitete jemand, den er über alles liebte und der für ihn nahezu unerreichbar war – sein Vater George.

„Ich bin der einzige Junge auf der Welt, der seinen Vater nicht besuchen darf", ärgerte sich Winston.

„Irgendwann gehe ich einfach in das blöde Gebäude und drücke ihm vor allen Menschen einen Kuss auf die Wange."

Es war auch zu verflixt.

„Wer mein Vater ist, muss ein Geheimnis bleiben. Das ist

164

das bescheuertste Geheimnis auf der Welt", schimpfte der Junge vor sich hin.

Winstons Mutter hatte George in irgendeiner Botschaft oder einem Konsulat, so genau wusste Winston das nicht, in Frankfurt kennengelernt. Damals wohnten sie noch in Mainz. Doch Winstons Vater hatte nie bei ihnen gelebt und sie in all den Jahren nur selten besucht. Vor einem Jahr dann hatte Winstons Mutter sich eine Arbeit in London gesucht.

„Dann können wir Papa öfter sehen", hatte sie Winston gesagt.

„Ich will aber lieber in Mainz bei Tom und Salvatore bleiben. Papa kann auch zu uns kommen", hatte der Junge gejammert.

Aber alles Zetern nützte nichts. Mutter blieb hart. Sie zogen vom Rhein an die Themse.

Jetzt sah Winston seinen Vater zwar öfter, aber es war alles immer noch komisch. Sein Vater war immer nur kurz da. Und Winston durfte über die Treffen nicht reden.

„Später wirst du es verstehen", sagte seine Mutter, wenn er nach dem Grund fragte.

„So ein Unsinnsblödsinnsblödsinnsmist", dachte Tom. Wenn er wütend war, baute er oft so komische Worte.

„Irgendwann schreie ich so laut, wer mein Vater ist, dass man es von London bis Mainz hört", beschloss er.

Der Junge verstand das Verbot nicht. Alles in ihm sträubte sich dagegen. Dennoch hielt er sich daran.

Deswegen kam er nach der Schule immer alleine zum Parlamentsgebäude im Herzen der britischen Hauptstadt.

„So bin ich wenigstens in der Nähe, vielleicht sieht er mich ja hier unten", ging es Winston durch den Kopf.

Seine Mutter hatte ihm einmal verstohlen die vier Fenster gezeigt, hinter denen Winstons Vater sein Büro haben musste. Winston stellte es sich großartig vor, mit einem Schreibtisch so groß wie eine Tischtennisplatte, fünf goldenen Telefonen und vier Sekretärinnen, eine hübscher als die andere, aber keine so wunderschön wie seine Mutter.

„Mama, wann kann ich endlich Papa im Büro besuchen?", fragte Winston, als er später zu Hause Waffeln aß.

„Das ist ein Doofkackenoberunsinnsmist, dass ich das nicht kann", schob er noch hinterher.

„Red nicht so blöd", fuhr sie auf.

Dann strich Lissy, die eigentlich Elisabeth hieß, ihm sanft über das blonde Haar. „Ach Winston, Papa ist ein berühmter Mann, er hat einfach wenig Zeit. Aber morgen, morgen Nachmittag kommt er vorbei."

Winston wusste, dass die Erklärung für die seltenen Besuche seines Vaters nicht ganz stimmte. Vor wenigen Tagen hatte er ein Gespräch zwischen seiner Mutter und seinem Vater belauscht, da war es um irgendeine andere Frau namens Martha gegangen, mit der sein Vater offenbar verheiratet war. Winston fand das alles verwirrend. Auf der einen Seite hatte er einen Papa, der ihn und seine Mama liebte. Was sollte da die andere?

Winston hatte keine Lust mehr, seinen Freunden immer erzählen zu müssen, dass sein Vater viel auf Reisen war und deshalb nirgendwo auftauchte. Nicht beim Schulfest, nicht beim Geburtstag, nicht am Fußballplatz.

Winston hatte langsam genug von der Heimlichtuerei. Immerhin wurde er bald zwölf.

„Was ein Blödärgerkackenobermistdreck", meuterte der Junge.

Dann hörte er die Stimme seiner Mutter. „Sollen wir heute in den Hydepark gehen? Da ist ein Zirkusfest mit vielen Clowns und Akrobaten."

Bei diesen Aussichten verflog Winstons Ärger. „Gibt es da auch Jongleure, die fünf Bälle gleichzeitig in der Luft halten können?", fragte der Junge.

Winston war nicht nur von Uhren besessen, sondern auch von allem, was mit einem Ball zu tun hatte, besonders mit einem Fußball.

„Du und deine Bälle", grinste Mama Lissy und nippte an ihrem dampfenden Tee.

„Manchmal glaube ich, dass du nicht aus meinem Bauch kommst, sondern von einem Fußball ausgebrütet wurdest." Lissy legte den Arm um ihren Sohn, der sich ihrer Umarmung schnell entzog.

Zur gleichen Zeit saß Winstons berühmter Vater in seinem Büro. George W. Madison war Präsident des britischen Unterhauses, eine Art Mannschaftskapitän aller Abgeordneten. Mit anderen Worten: Er war ungeheuer wichtig.

Sein Büro war tatsächlich riesig. An der Decke hing ein dicker Kristallleuchter. Die Fenster waren turmhoch. Und sein Schreibtisch war so groß, dass darauf bequem ein Auto parken konnte. George W. Madison hielt gerade ein zerknittertes Bild Winstons in der Hand. Die Fotografien von

Lissy und seinem Sohn verwahrte er in einem Geheimfach in seiner Geldbörse auf. Niemand durfte sie sehen.

Er liebte Lissy und Winston. Aber er brauchte das Geld seiner offiziellen Ehefrau Martha. Sie war unendlich reich – und gleichzeitig ein richtiger Drachen.

„Ohne sie ist alles weg, das Schloss auf dem Land, die große Villa, die Jacht, die feinen Autos, vielleicht auch meine Karriere", gestand er sich ein und kam sich schäbig vor.

Also tat er nach außen hin so, als gäbe es Lissy und Winston nicht. George hatte ein großes Geheimnis. Und ein schlechtes Gewissen.

„Ich muss Lissy anrufen", redete er mit sich selbst, „meinen Besuch morgen absagen. Ich habe einfach keine Zeit."

„Besonders Winston wird traurig sein. Ich bin wirklich kein guter Vater", grübelte er.

Auf der anderen Seite hatte er mit Marthas Unterstützung den tollsten Job dieser Erde erobert und bald sollte alles noch viel besser werden. Der Regierungschef wollte George zum Außenminister machen. Dann würde er noch wichtiger sein.

Das Ganze hatte nur einen dicken Haken. Außenminister reisen in der ganzen Welt herum, um Politiker zu treffen.

„Dann wird meine Zeit noch knapper", dachte George missmutig. „Auch die für Winston und Lissy."

Wie gerne würde er mit den beiden offiziell zusammenleben – wie eine richtige Familie. Doch das traute George sich einfach nicht. Er betrachtete noch einmal den fröhlich lachenden Winston. Ein hübscher Junge mit blondem Wuschelhaar. Sein kleiner Sonnenschein.

Manchmal beschlichen ihn seltsame Fantasien. Dann träumte er, sich ein Clownsgesicht zu schminken und im Handstand in eine wichtige Sitzung zu gehen. Und statt kluge Reden zu schwingen, würde er schillernde Riesenseifenblasen zu den Abgeordneten hinüberblasen.

„Du Kind", dachte er dann, aber eigentlich mochte er diese verborgene Seite besonders gern an sich. Die Wirklichkeit war nicht so lustig.

„Vielleicht bin ich einfach nicht mutig genug", murmelte George.

In dem weiten Raum erklang eine Melodie aus einer Beethoven-Sinfonie. Sein Handy klingelte.

„Natürlich. Keine Frage. Selbstverständlich, ich mache mich sofort auf den Weg", sprach George in das fingergroße, ultraleichte Telefon.

Dann war das Gespräch auch schon vorüber. Im Rausgehen schob der Politiker noch schnell die Bilder von Winston und Lissy in das Geheimfach zurück. Ein Sekretär reichte ihm den Mantel, im Hof wartete ein gepanzerter Rolls Royce mit getönten Scheiben und laufendem Motor. George beschleunigte seinen Gang. Seine Schritte hallten auf dem glatt polierten Parkett. Er musste unverzüglich zur Downing Street No. 10, dem Sitz des wichtigsten Mannes im Staate.

Der Regierungschef wartete nicht gerne.

Während George auf dem Weg zum Zentrum der Macht war, stand Winston vor einem Clown und Jongleur, der acht Fußbälle gleichzeitig in der Luft halten konnte. Eine Traube staunender Kinder hatte sich um den Ballakrobaten gebildet.

Im Hydepark waren heute Künstler aus aller Welt versammelt, aber Winston hatte nur Augen für den Jongleur. Seine Mutter Lissy hatte schon zweimal den gesamten Jahrmarkt durchquert, da sah Winston noch immer dem Akrobaten zu.

Die Bälle sausten durch die Luft, wirbelten durcheinander, umkreisten den Kopf des Clowns wie die Bienen einen Marmeladentopf, um sich dann senkrecht auf seinem lockigen, roten Haar aufzureihen, still verharrend, so lautlos wie die gebannten Zuschauer. Bei allen Mustern und Figuren schien ein alter, brauner Ball die weißen, neueren Bälle anzuführen – gleich einem Ballettmeister, der seine Tanztruppe dirigierte. Winston war im siebten Himmel.

Schließlich machte der Jongleur eine Pause und nahm freundlich lächelnd den gewaltigen Applaus entgegen, bevor er in einem kleinen, gelb-blau gestreiften Wohnwagen verschwand.

„Mama, wartest du einen Moment auf mich. Ich muss unbedingt mit dem Clown reden", sagte Winston ganz aufgeregt.

„Aber bitte wirklich nur einen Moment", sagte Lissy, die wusste, wie lange ein Moment für ihren Sohn sein konnte.

Winston stieg ein kleines Treppchen hoch und klopfte an die Tür des Wohnwagens.

„Nur herein", schallte eine tiefe, freundliche Brumm-stimme nach draußen.

Winston betrat den Raum.

„Hier ist es aber gemütlich", entfuhr es ihm.

Alle Wände waren in warmen Farben mit seltsamen Mustern bunt bemalt. An der Decke hing ein schmaler Speer. Den Boden bedeckten Felle, ebenso die Schlafcoach, auf der der Clown sich ausgestreckt hatte. Den einzigen Tisch bildete eine Trommel aus Tierhäuten, um die ein paar Sitzkissen gruppiert waren, die grinsende Gesichter zierten. Die Lampen schienen aus Vogelmasken gebastelt, das Licht fiel aus den Augenhöhlen.

„Woher sind all diese bunten Sachen?", fragte Winston.

„Aus Malawi, das ist ein Land in Afrika, da komme ich her. Mit dem Speer da oben habe ich früher Fische gejagt."

„Dann bist du …"

„Ein Fischer, ein Krieger und ein Spaßmacher", vollendete der Mann den Satz.

„Ich heiße Masambo", sagte der Clown, nachdem er sich aufgesetzt hatte, und gab dem Jungen einen freundschaftlichen Knuff, „und du bist Winston."

„Woher weißt du das?", fragte der Junge verdutzt.

Mit seiner roten Nase und dem schwarz-weiß bemalten Gesicht sah der Malawier nicht gerade wie ein Wahrsager aus.

„Deinen Namen weiß ich von dem hier." Der Afrikaner nahm den alten Ball in die Hand, der Winston schon beim Jonglieren aufgefallen war. „Warte, ich mache mal das Licht aus."

Winston trat einen Schritt zurück, überlegte fieberhaft,

wie schnell es ihm gelingen würde, durch die Tür zu verschwinden.

„Du brauchst keine Angst zu haben", meinte Masambo, „ich fresse nur schwarzhaarige Kinder."

Dann lachte er herzlich, legte ein kleines Clowns-Tänzchen aufs Parkett und knipste das Licht aus. Dunkel war es dennoch nicht. Von Masambo schien ein mattes Leuchten auszugehen. Nein, nicht von Masambo, von dem Ball in seinen Händen.

„Schau mal, was da steht", sagte der Afrikaner mit einer Begeisterung, der Winston sich nicht entziehen konnte.

Der Junge bekam feuchte Hände. Auf dem Ball schimmerte sein Name: Winston England.

„Ist das ein Trick?", fragte er.

„Quatsch. Das ist natürlich kein Trick. Dieser Ball ist die Krönung meiner Nummer. Aber er gehört dir, das wusste ich, seit ich von Malawi aufgebrochen bin", sagte der Clown-Jongleur.

Als wolle der Ball applaudieren, hüpfte er auf der Trommel in der Mitte des Raums auf und ab und sprang dann Winston in die Arme. Dessen Angst war schnell verflogen. Gebannt lauschte er den Worten Masambos. Der Afrikaner erzählte, dass der Ball ihm in Afrika zugelaufen war, als ein Team von Knochensuchern seinen Weg kreuzte.

„Wie viel Uhr ist es, Winston?", fragte Masambo nach einer Weile. „Ich fürchte, meine nächste Vorstellung beginnt gleich."

Winston schob den linken Ärmel seines Pullis zurück. Zum Vorschein kam eine goldene, kostbare Uhr.

„Es ist gleich sechs."

Masambo betrachtete das Schweizer Uhrwerk. Es musste ein kleines Vermögen wert sein.

„Wo hast du diese Uhr her?", fragte der Afrikaner.

„Mein Vater hat sie mir geschenkt." Und während er das sagte, spürte Winston, wie ihm das Herz schwer wurde.

„Ist dein Vater, ich meine, lebt dein Vater nicht mehr?" Masambo sprach ganz leise und behutsam.

„Nein, nein, es ist viel komplizierter." Und dann erzählte der kleine Junge Masambo alle Geheimnisse. Auch, dass er wusste, dass sein Vater nicht nur deswegen so selten zu ihm und seiner Mama kam, weil er so viel arbeitete.

„Er hat noch eine andere Frau, ich habe neulich ein Gespräch belauscht. Und dann habe ich einen Brief gefunden, den Mama in einer Zuckerdose aufbewahrt. Diese Mary oder Martha ist irgendwie reich und mächtig. Deswegen darf von mir und Mama niemand etwas wissen."

Masambo hörte Winston schweigend zu und vergaß darüber seine Vorstellung.

„Ich bin der beste Fußballspieler in unserer Schulmannschaft. Und Papa hat noch nie ein Spiel von mir gesehen. Das ist ein Schwachsinnsoberärgerdoofsinnskäse", brach es aus Winston heraus. Er musste schniefen.

Masambo reichte ihm ein großes Taschentuch, auf dem Luftballons in allen Farben in den Himmel stiegen.

„Danke", murmelte Winston.

„Behalt das Taschentuch", sagte der Clown. „Und vergiss den Ball nicht."

Da klopfte es auch schon an der Tür des Zirkuswagens.

„Winston, kommst du, ich habe keine Lust mehr zu warten."
„Ja, Mama", der Junge winkte dem Clown zu, der mit einer großen Plastikblume in der Hand eine Verbeugung andeutete. Dann machten sich Lissy und Winston auf den Nachhauseweg.

Während Winston und Lissy es sich zu Hause gemütlich machten, saß Winstons Vater George in einem schweren Ledersessel in seiner Villa und fühlte sich wie ein erbärmlicher Feigling.

„Wo bleibst du?", nörgelte seine Frau Martha vom Salon herüber.

Heute sollte der größte Erfolg in der Geschichte der Familie Madison gefeiert werden. Der Premier hatte George tatsächlich das Amt des Außenministers angetragen.

Doch George wollte nicht mit Martha und dem Rest der Sippe feiern. Er sah auf seine elegante Taschenuhr aus Platin, starrte auf das gold verzierte Zifferblatt, als könne er die Zeiger zum schnelleren Vorrücken bewegen. Ohne Lissy und Winston machte das Fest einfach keinen Spaß.

Missmutig schenkte sich George einen fünfzig Jahre alten schottischen Whiskey ein, trank ihn mit einem Zug aus und ging in den Salon.

Eine Stunde, nachdem das Fest von Winstons Vater begonnen hatte, legte der Junge sich enttäuscht schlafen. Seine Mutter hatte ihm gesagt, dass Papa morgen nicht kommen würde. Angeblich wegen wichtiger Termine. Aber Winston glaubte das nicht.

Er lag in seinem breiten Holzbett, umgeben von Pappfiguren seiner großen Vorbilder, der bekanntesten britischen Fußballstars wie David Beckham oder Thierry Henry. Den Ball hielt er fest an sich gepresst. Er fühlte sich warm an, das tröstete ihn.

Winston dachte an den freundlichen Clown, dem er sein Geheimnis anvertraut hatte. Aus seiner Jeans kramte er noch einmal das Luftballon-Taschentuch heraus. Er wurde stutzig. Jemand hatte etwas mit roter Farbe an den Rand geschrieben.

„Lieber Winston", stand da in Druckbuchstaben. „Das mit deinem Vater bekommen wir hin. Komm morgen nach der Schule in meinen Wohnwagen. Bring den Ball und ein Passfoto mit. Masambo."

Winston war mit einem Mal ganz aufgeregt. Was meinte der Clown? Wie hinbekommen? Und warum ein Passfoto? Dann spürte er, wie der Ball sich um ein paar Grad erwärmte, und schlief vertrauensvoll ein. Bevor er träumte, dass er mit einem fliegenden Fußball durch ein offenes Fenster zu seinem Vater sauste, beschloss er, dass er sich auf jeden Fall mit Masambo treffen würde.

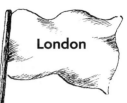

Nicht alles klappt wie geplant

„Komm herein, Winston."

Der Junge hatte sich nach der Schule beeilt, zu dem Wohnwagen im Hydepark zu kommen. Winston spähte ins Innere des Zirkuswagens und bekam einen riesigen Schreck. Das war nicht Masambo, der da stand. Hätte er nicht den Hut aus Leopardenfell auf dem Kopf getragen, wäre er glatt als britischer Politiker durchgegangen.

„Winston, erschrick nicht, ich bin's, ich bin's wirklich."

„Aber, wie siehst du aus?"

„Wie ein feiner Mann, was ich ja schließlich auch bin." Der Afrikaner hatte sich verkleidet.

Masambo grinste und zeigte seine schönen weißen Zähne. Überhaupt war er ein gut aussehender Mann, was man hinter der Clownmaske nicht vermuten konnte. Winston kam näher.

„Früher bin ich mit meiner Theatergruppe in Malawi von Dorf zu Dorf getingelt. Da habe ich immer den Häuptling oder den Präsidenten gespielt. Ich war ziemlich gut."

Winston nickte. „Du siehst aus wie ein Staatsmann."

Der Ball hopste vergnügt auf der Tisch-Trommel auf und ab. Und Masambo und Winston tanzten zu dem Rhythmus ein kleines verrücktes Tänzchen. Winston kam es vor, als könnten sie die Welt erobern.

Dann hielt Masambo inne. „Komm her, Winston, dann sag ich dir, wie wir heute etwas Unglaubliches wahr machen."

176

Masambo kam ganz nah an Winstons Ohr. In seinen Gehörgängen klingelte es, so abenteuerlich war das, was Masambo ihm vorschlug.

Kurz danach fuhren die beiden mit einer teuren Limousine samt Fahrer und Leibwächter im Parlamentsgebäude vor. Den Wagen hatten sie bei einem Freund des Zirkusdirektors geliehen und mit einer Standarte, einer kleinen Fahne, des Staates Malawi ausgestattet. Der Fahrer war ein verkleideter Feuerspucker, die zwei Leibwächter ein Messerwerfer und ein Bären-Dompteur. Alle hatten sie mit Masambo Theater gespielt. Winston saß schwarz geschminkt auf dem Rücksitz und trug nun einen feinen Anzug.

„Los geht's", sagte Masambo, der sich ab sofort als Botschafter seines Heimatlandes ausgab.

Die Leibwächter öffneten die Türen, der Herr Botschafter und Winston, von nun an der älteste Sohn des wichtigsten Kaffeeplantagenbesitzers Malawis, verließen die Limousine.

„Ich will sofort zu Parlamentspräsident Madison vorgelassen werden", sagte Masambo zu dem Staatsbediensteten hinter Panzerglas, der mit seinen Kollegen die Pforte kontrollierte.

„Haben Sie einen Termin?", fragte der Beamte höflich, aber kühl zurück.

Winston hatte das Gefühl, schnell mal aufs Klo zu müssen, aber er biss die Zähne zusammen.

„Ich brauche keinen Termin", polterte Masambo im Kommandoton, „ich bin der Botschafter von Malawi. Oder sind Sie derjenige, der mir das hier erklären will?"

Masambo ging ganz nahe an das Mikrophon vor dem Pförtnerhäuschen und drückte einen kopierten Zeitungsausschnitt an die Glasscheibe.

„Wissen Sie, was das ist? Eines ihrer schmierigen Lügenblätter, der Daily Mirror, hat diesen jungen Mann hier beleidigt." Der verkleidete Masambo deutete auf Winston. „Das ist Stuart Mills, der Erbe unserer Tabakwirtschaft. Irgend so ein Parlamentsabgeordneter hat ihn einen Geisteskranken genannt und als stinkreichen Trottel bezeichnet. Ich will auf der Stelle wissen, wer so etwas Unverschämtes behauptet. Denn sonst können Sie auf ein paar dicke Geschäfte verzichten, die dieses angeblich so arme gestörte Geschöpf mit seiner Familie abwickeln wird. Und vergessen Sie nicht. Ihrem Land wird so viel Geld durch die Lappen gehen, dass die Kronjuwelen der Queen dagegen ein mickriges Taschengeld sind. Habe ich mich klar ausgedrückt?"

Der uniformierte Mann hinter der Glasscheibe wollte gerade etwas erwidern, da schoben die Leibwächter Winston noch weiter nach vorne, der den Wachmann böse anschaute.

Schließlich griff der Bedienstete zum Hörer, telefonierte gleich drei Mal. Winston wurde zunehmend nervöser; es juckte ihn unter seiner Schminke. Was würde sein Vater wohl zu dieser Maskerade sagen, wenn sie überhaupt funktionierte? Und was geschah, wenn der Schwindel aufflog? Der Zeitungsartikel war natürlich gefälscht wie alles andere auch. Doch Winston war offenbar der Einzige, der sich Sorgen machte. Die anderen drei wirkten völlig ungerührt. Winston schmiegte den Ball etwas fester an seine rechte Seite.

„Tut mir leid", sagte der Wachbeamte schließlich mit gequält wirkender Miene, „Mister Madison ist außer Haus und niemand weiß, wann er wieder da ist."

„Dann warten wir in seinem Büro", antwortete Masambo. Und wie auf Kommando bauten sich die beiden Leibwächter rechts und links neben ihm auf.

„Wir gehen hier nicht weg. Wir werden ein Zelt aufstellen und ein Lagerfeuer anzünden, wenn es sein muss. Aber ich kann Ihnen versichern, dass sich in spätestens einer Stunde der Staatspräsident von Malawi einschaltet, wenn sie uns weiter derart schäbig behandeln."

Bei dem letzten Satz hatte Masambo so drohend geschaut, als wolle er gleich zu dem Speer in seinem Wohnwagen greifen und die gesamte Wachmannschaft damit aufspießen.

„Einen Moment", sagte der Parlamentsbedienstete nur.

Schweißperlen standen auf seiner Stirn. Zehn Minuten vergingen.

Schließlich sagte er höflich: „Jemand aus dem Büro von Mister Madison wird sie abholen."

„Wurde auch langsam Zeit", schnauzte Masambo.

Ein anderer Beamter warf noch einmal einen flüchtigen Blick auf ihre Diplomatenpässe. Dann wurden sie vorsichtig abgetastet. Anschließend folgten sie einem Büroangestellten durch breite Treppenhäuser und endlose Flure, bis sie endlich vor einer eichenen Flügeltür standen. Winstons Atem ging schnell, so aufgeregt war er. Auf einem riesigen Schild sah er den Namen seines Vaters prangen. Dann betraten sie den Vorraum zu seinem Büro.

„Nehmen Sie bitte hier Platz", flötete eine freundliche Sekretärin.

„Wollen Sie einen Tee? Ich werde Mister Madison anfunken." Winston musterte die Frau. Er spürte eine jähe Eifersucht.

„Sie sieht meinen Papa öfter als ich", dachte er bitter.

Masambo nahm ihn in den Arm.

„Was machen wir, wenn mein Vater kommt?", flüsterte Winston Masambo ins Ohr.

„Lass mich nur machen", sagte Masambo und blinzelte ihm zu.

Winston gab Ruhe. Wer so toll jonglieren konnte, aus Afrika kam und ihm einen Zauberball mitgebracht hatte, der wusste schon, was er tat.

Dann geschah, was geschehen musste. Die Sekretärin schien auf einmal nervös zu werden. Plötzlich verließ sie hektisch den Raum, als hätte sie Durchfall. Kurze Zeit später flogen die Flügeltüren auf und eine Horde schwarz vermummter Männer stürmte herein, mit Schlagstöcken und Gewehren bewaffnet.

„Was soll das? Ich protestiere, ich bin der Botschafter von Malawi", rief Masambo.

Sekunden später lagen alle drei Erwachsenen mit auf dem Rücken verschränkten Armen auf dem Boden. Handschellen klickten. Selbst Winston wurde festgehalten.

„Sie sind verhaftet", brüllte ein Mann, „wegen Urkundenfälschung und unbefugten Eindringens in ein Regierungsgebäude. Sie haben das Recht, die Aussage zu verweigern."

Masambo und seine beiden Freunde wurden abgeführt. Dem falschen Botschafter gelang es gerade noch, Winston einen letzten Blick zuzuwerfen.

„Tut mir leid, kleiner Junge", schien er sagen zu wollen, „wir haben alles versucht."

Winston war kreideweiß vor Schreck unter seiner Schminke. Zwei Beamte führten ihn in einen kleinen, fensterlosen Raum. Dort musste er sich gründlich waschen, seinen wirklichen Namen und seine Adresse angeben. Für einen Moment überlegte er, die ganze Wahrheit auszuplaudern. Aber das wollte er seinem Vater nicht antun. Also schwieg er. Er fühlte sich so grausam, als wäre der nahende Weltuntergang verkündet worden.

Um sieben Uhr wurde er in einem Polizeiauto nach Hause zu Mama Lissy gebracht. Sie war kreidebleich und wollte ihm gerade die Standpauke seines Lebens halten. Aber als sie ihn wie ein wimmerndes Häufchen Elend da stehen sah, konnte sie nicht anders und nahm ihn in ihre Arme.

„Beruhige dich Winston, es wird alles wieder gut." Dann wiegte sie ihn.

„Mama, ich, weißt du, ich wollte das alles nicht, Masambo und seine Freunde, die mir nur helfen, ja helfen wollten, die sitzen jetzt im Gefängnis", sprudelte es aus dem Jungen heraus. Und er erzählte seiner Mama, was geschehen war.

Zur gleichen Zeit waren Masambo und seine Freunde in einem Londoner Untersuchungsgefängnis eingesperrt. Stundenlang waren sie verhört worden. Jetzt saßen sie auf kargen

Pritschen in einer Gemeinschaftszelle. Das Licht war schon aus. Es herrschte vollkommene Dunkelheit.

„Wir müssen ihnen die Wahrheit erzählen", wisperte der Messerwerfer.

„Wenn wir schweigen, halten sie uns am Ende noch für Terroristen", flüsterte der Dompteur, der seine Bären vermisste.

„Am Ende sitzen wir hier, bis wir grau wie die Silberlöwen sind", raunte der Feuerschlucker den anderen zu.

Masambo sagte nichts, er malte mit seinen Händen seltsame Zeichen und Figuren auf den Boden, als beschwöre er einen Geist, den Geist seiner afrikanischen Vorfahren.

„Ich weiß noch nicht, was geschehen wird", sagte er seelenruhig. „Wir werden Winston jedenfalls nicht verraten."

Die anderen schwiegen, denn Masambo war der Ranghöchste, der Sohn eines Häuptlings.

Etwa zur gleichen Zeit, also am frühen Abend, spürte George, wie sein ganzes Leben ins Wanken geriet. Seine Sekretärin und seine Sicherheitskräfte hatten ihm alles erzählt. Drei unbekannte schwarze Männer und ein kleiner schwarz geschminkter Junge hatten sich unter falschem Vorwand in sein Büro eingeschlichen. Die Aufregung war riesengroß.

Die Verzweiflungstat mitteloser Afrikaner? Ein Versuch, ihn zu ermorden?

Der Premierminister hatte George schon besorgt angerufen, aber auch Martha und seine politischen Freunde. Sie alle hatten sich bei ihm gemeldet. Polizei und Geheimdienste durchsuchten die gesamte Etage nach Bomben – und fanden nichts.

George war übel. Er hätte den Polizisten einen guten Tipp geben können. Seine Sekretärin Kathy hatte den kleinen, blonden Jungen genau beschrieben. George wusste, wer das gewesen war. Wenn nicht er, wer sonst.

„Winston war hier", flüsterte er beinahe tonlos. „Das waren keine Terroristen, das waren Freunde von ihm." Georges Herz wurde schwer wie Blei.

„Er wollte zu mir", sagte er immer wieder, „er wollte einfach nur zu seinem Vater. Jetzt sitzen seine Freunde im Gefängnis, mein Junge hat wahrscheinlich den größten Ärger seines Lebens. Und trotzdem hat mich niemand verraten."

„An dem ganzen Mist bin ich schuld", klagte er sich an. Er stützte das Gesicht in die Hände.

Ein seltsames Hopsen ließ ihn aufschrecken. Auf seinem breiten Schreibtisch hüpfte ein Ball herum. George geriet in Panik. „Die Afrikaner haben eine ferngesteuerte Bombe hinterlassen", schoss es ihm durch den Kopf.

Der Parlamentspräsident warf sich unter den Schreibtisch, robbte in Richtung Ausgang. Der Ball kam hinter ihm her, tanzte ihm vor der Nase herum. George schloss die Augen.

„Dann ist es eben vorbei", dachte er und wartete auf eine fürchterliche Explosion.

Er lag minutenlang auf dem Boden, aber nichts geschah. George blickte auf. Auf einmal kam er sich albern vor. Er hatte sich von einem alten Lederball in Angst und Schrecken versetzen lassen. Er setzte sich wieder hin, sein feiner Anzug war ganz zerknautscht, die Krawatte verrutscht, das Haar verstrubbelt. George nahm den Ball. In seiner Hand fühlte er sich harmlos an.

„Wo mag Winston sein?", fragte er sich. „Der arme Junge ist bestimmt todunglücklich."

Der Politiker blickte auf den Ball wie ein Wahrsager auf seine Zauberkugel. „Was soll ich bloß tun?"

In diesem Moment flackerte die Schreibtischlampe, es wurde noch dunkler und der Ball wärmer, als wäre er zum Leben erwacht. George bekam eine Gänsehaut. Was geschah hier? Der Ball begann zu leuchten. Buchstaben erschienen.

Auf der Lederhaut des Balles bildete sich der Name seines Sohnes. Und noch zwei Worte: Folge mir.

London Winston und Lissy sind unglücklich

Eine Stunde später liefen Winston und seine Mutter Lissy durch den Hydepark. Beide konnten nicht schlafen, so aufregend war der Tag gewesen. Nach einer Weile setzten sie sich erschöpft auf eine Parkbank und schauten den Lichtern zu, die sich im See spiegelten.

„Jetzt habe ich nicht mal mehr den Ball. So eine verdammte Scheibenscheißensumpfblödlingsdoofheit", motzte Winston.

„Red nicht so doof." Seine Mutter sah ihn streng an. Dann trocknete sie ihm mit dem Luftballon-Taschentuch die Tränen ab.

„Ich weiß, was Papa uns verschweigt", sagte Winston trotzig. „Du kannst es ruhig zugeben."

Doch Mama Lissy war zu müde, um etwas zu erwidern. So saßen sie einfach eine Weile aneinandergekuschelt und schwiegen.

Irgendwann schliefen beide ein. Lissy träumte, dass sie durch einen Schneesturm irrte. Winston träumte, dass er mit Eiszapfen jonglierte. Beiden war bitterkalt. Lissy stand plötzlich vor einem haushohen Mammut, das sie mit seinen riesigen Stoßzähnen bedrohte.

Und Winston träumte, dass die Eiszapfen, mit denen er jonglierte, schwerer und schwerer wurden, sodass er sie kaum mehr halten konnte. Er bekam Angst, dass sie auf ihn stürzten.

Doch dann geschah in Lissys und Winstons Träumen etwas Verblüffendes. In Lissys Traum traf ein unendlich kräftiger Sonnenstrahl das furchterregende Mammut und schlug es in die Flucht. Zur gleichen Zeit sprang Winston ein schwarzer Zauberjongleur zur Seite. Der Magier ließ Feuer aus seinen Händen sprühen und lachte wie Masambo. Die gigantischen Eiskeulen wurden kleiner und kleiner. Bis Winston nur noch harmlose Schneebälle durch die Luft jagte.

Winston und Lissy wurde gleichzeitig mollig warm. Sie wachten auf.

Winston hielt plötzlich den Zauberball in seinen Händen. Und jetzt verstand er auch, warum ihm nicht mehr kalt war. Denn irgendjemand hatte einen Mantel um ihn und seine Mama gelegt. Lissy räkelte sich behaglich. Beide entdeckten zur gleichen Zeit einen Mann, der neben ihnen auf der Bank saß.

Neben ihnen saß Winstons Vater George.

„Du?", riefen Winston und Lissy wie aus einem Munde. „Bist du es wirklich?"

Dann fielen sie über ihn her und drückten ihn so fest, dass ihm beinahe die Luft wegblieb.

„Winston", begann George einen Satz, den er nicht zu Ende brachte. George sah seinen Sohn gerührt an.

„Winston", sagte er noch einmal. „Ich weiß, dass du mit deinen Freunden in meinem Büro warst. Dass ihr euch verkleidet habt."

„Und ..." George machte erneut eine Pause. „Winston, mein Junge, ich weiß, dass du nur gekommen bist, weil wir uns so selten sehen, weil du endlich mal wissen wolltest, wo ich arbeite, wie ich lebe. Weil du einmal erleben willst, dass ich zuschaue, wenn du Fußball spielst. Dass du einfach einen Vater willst, der, der ..."

George zögerte, suchte nach Worten. „... dass du einen Vater willst, der endlich für dich da ist."

Winston und Lissy schmiegten sich eng an ihn. George konnte gar nicht mehr aufhören zu reden, so lange hatte sich alles in ihm aufgestaut. „Ich denke schon lange, dass das Leben, das ich führe, nicht richtig ist, nein, ganz und gar verlogen ist, feige und gemein. Ihr seid das Liebste, was ich auf der Welt habe. Und mit euch möchte ich zusammenleben. Mir ist egal, was passiert, egal, egaaaaaaaal."

Das letzte Wort rief er ganz laut über den See und alle riefen egaaaaaaaal, egaaaaaal, bis sie heiser waren.

Dann erzählte George ihnen, wie er den Ball gefunden hatte, wie er vor Angst unter den Schreibtisch gekrochen und dann dem Ball durch London gefolgt war – bis zu dem See im Hydepark. Die drei sahen sich an, lachten und weinten zugleich.

Im gleichen Moment zeichnete Masambo in seiner düsteren, kalten Zelle erneut seltsame Figuren auf den staubigen Boden, über denen ein Ball schwebte. Der Ball schien für einen winzigen Augenblick zu leuchten. Masambo grinste.

„Wir bleiben nicht mehr lange hier", flüsterte er den anderen zu.

Sie fragten nicht, warum Masambo das wusste. Sie vertrauten ihm. Das genügte.

An dem See im Hydepark verfolgten Lissy, Winston und George erstaunt, wie der Ball auf einmal einen Riesensatz von der Bank in den See machte und wieder zurück auf die Bank sprang. Dann drehte er sich so schnell, dass alle drei von Wassertropfen besprüht wurden.

„Du brauchst auch ein bisschen Aufmerksamkeit", grinste Lissy und streichelte über das nasse Leder.

„Du hast das alles schließlich möglich gemacht", sagte George dankbar.

Winston konnte gar nichts sagen, das war alles zu viel, nein, viel mehr, viel zu schön für ihn. Bevor er abermals einschlief, nahm er noch wahr, dass auf dem Ball ein neuer Name erschien: Kim Korea.

Dann schlummerte Winston ein.

„Der Ball will einem anderen Jungen helfen", sagte George zu Lissy, der sich allmählich so vorkam, als wäre er in ein Weihnachtsmärchen geraten. Lissy zupfte ihn an seiner verknitterten Krawatte. Sie hatte noch etwas auf dem Herzen.

„Du willst wirklich bei uns leben, Martha verlassen und deine Karriere gefährden und all das Geld?"

„Ja. Ja, das möchte ich", sagte George, „ihr seid mir viel mehr wert als alles Geld der Welt."

In seinem Blick konnte Lissy erkennen, dass er das wirklich aus ganzem Herzen wollte. Sie umarmte und küsste ihn.

„Und wie kommt der Ball jetzt nach Korea?", fragte sie nach einer Weile.

„Da habe ich schon eine Idee", antwortete George, „eine ganz famose Idee sogar."

Eine Woche später war der Ball an Bord eines ganz besonderen Flugzeugs, der britischen Regierungsmaschine. Der Premierminister höchstpersönlich hatte ihn im Gepäck. George wohnte jetzt bei Winston und Lissy, von seiner Frau und der schönen Villa hatte er sich getrennt, was ihm erstaunlich leichtgefallen war.

In der Presse hatte es ziemlichen Wirbel gegeben, aber George hatte das nicht so sehr geschadet, wie er befürchtet hatte. Außenminister wurde er trotzdem.

Masambo und seine drei Freunde waren schnell wieder aus dem Gefängnis entlassen worden. George hatte bei der Polizei einfach erklärt, dass sie Freunde der Familie waren. Nachdem sich die Aufregung gelegt hatte, schrieb Winston einen Brief an Kim in Korea.

„Lieber Kim, ich hoffe, der Ball hilft Dir so gut wie mir. Dein Winston."

Dann krakelte er seine Adresse auf den Umschlag und warf das Kuvert in den Briefkasten am House of Parliament, in dem er jetzt ganz offiziell seinen Vater besuchen durfte. Als er die Post abschickte, war er sich in zwei Dingen ganz sicher: Der Brief würde ankommen und den Ball würde er eines Tages wiedersehen.

Tom ist unterwegs nach Sizilien

Während Winston endlich mit seiner Familie vereint war, hatte Tom seinen Plan, sich von seiner Familie davon-zuschleichen, in die Tat umgesetzt. Seine List war prima aufgegangen. Der Junge aus Mainz saß mit seinem voll gepackten Rucksack im Zug nach Agrigento auf Sizilien. Seinem Freund Salvatore hatte er sein Kommen in einem kurzen Luftpostbrief angekündigt. Für Toms Verhältnisse war das schon ein halber Roman:

„Hi Salvatore, ich komme. Sag keinem was. Und pass gut auf den Ball auf.

Dein Tom."

„Yesss, bald schon bin ich bei Salvatore und dem Ball",
dachte Tom. Er fühlte sich großartig. Es hätte gar nicht besser laufen können. Der Schaffner im Zug war eine Frau.
Tom hatte sie bei der Fahrkartenkontrolle mit traurigen
Augen angesehen und ihr schüchtern den gefälschten Zettel
unter die Nase gehalten, in dem seine vermeintlichen italienischen Eltern um Unterstützung für ihren Sohn baten. Ein
bisschen ängstlich und schüchtern war er tatsächlich gewesen, aber nur aus Sorge, dass sein Schwindel auffliegen
könnte.

Doch das Gegenteil war der Fall. Die Schaffnerin, eine
kugelrunde Dame mit blondem Lockenkopf, hatte ihn mit-
fühlend angeschaut, sein Ticket abgestempelt und war verschwunden. Sie schien ihn sofort in ihr großes Herz geschlossen zu haben. Jetzt kam sie alle halbe Stunde vorbei
und brachte ihm eine heiße Schokolade oder etwas zu
knabbern.

„Ist die Welt denn voller Mütter?", dachte Tom.

Die nette Schaffnerin hatte sich sogar ein italienisches
Wörterbuch besorgt und versuchte, ihn mit ein paar Brocken
in seiner angeblichen Heimatsprache zu erfreuen.

„Come ti chiami? – Wie heißt du?", fragte sie mit
schrecklicher Aussprache. Oder sie stellte so nervige Fragen
wie: „Quanti anni hai? – Wie alt bist du?"

Tom hatte in der Schul-AG ein paar Brocken Italienisch
gelernt. Aber zur Sicherheit gab er sich superscheu und antwortete einsilbig. Der Junge wusste, dass er mit seinem kläg-
lichen Wortschatz nicht lange würde mithalten können. Am
Ende schleppte die Schaffnerin noch einen italienischen

Fahrgast an und alles würde auffliegen. Um das zu vermeiden, stellte Tom sich seit zehn Minuten schlafend. Sein Leben war wirklich anstrengend.

„Buhon Gi Horno", hörte Tom, aber es sollte wohl „Buongiorno" heißen, also „Guten Tag". Jedem Italiener wäre bei dieser Aussprache die Pizza aus dem Mund gefallen. Tom presste die Lider noch fester zu.

Die Schaffnerin fiel darauf rein. Sie bewegte sich ganz leise. Und deckte das arme, schlafende Kind mit einer warmen Decke zu.

„Arrivederci", hörte Tom noch. Oder besser: „Harry wird herci." Das Beste an dem verunglückten „Auf Wiedersehen" war aber: Die Schaffnerin würde Tom eine Weile in Ruhe lassen.

Plötzlich klingelte sein Handy.

Er blickte auf das Display. Wenn es seine Eltern waren, würde er nicht drangehen. Doch es war eine SMS.

Tom klappte den kleinen Silberling auf und las die Nachricht.

Hi Tom,
lange nichts von Dir gehört. Habe einen Freund von Dir getroffen. Einen Ball, der zaubern kann. Bin nicht bescheuert. Der Ball ist jetzt unterwegs nach Südkorea. Melde dich!   Winston

Toms Herz schlug ihm bis zum Halse. „Ich fasse es nicht. Der Ball ist auch bei Winston in England gewesen. Und schon bald in Süd-Irgendwas."

Tom zwickte sich in die Wange und dann in den Arm.
„Südkreta, was für ein Mist. Wo liegt das überhaupt?",
fragte er sich.

Und noch wichtiger. „Was mache ich jetzt? Ich sitze hier
im Zug nach Sizilien. Und der Ball ist unterwegs in dieses
komische …" Tom blickte noch einmal auf sein Handy.
„… in dieses komische Südkorea."

Tom streifte die Decke ab.

„Nächster Halt München Hauptbahnhof", schallte es
durch die Waggons.

Tom hatte keine Zeit zu verlieren. Er musste aussteigen.
Südkorea lag bestimmt nicht in Sizilien.

Der Junge kritzelte schnell ein paar Worte für die nette
Schaffnerin auf einen Zettel, den er auf seinem Sitz platzierte.

„Vielen Dank. Verwandte mich abgeholt in München.
Noch mal Danke viel."   Manuel

Sekunden später stand er im Gewimmel des Hauptbahnhofs.
War das alles riesig hier, viele größer als in Mainz. Alle rannten
sie mit Koffern oder Taschen herum, umarmten sich, winkten,
hasteten zu den Waggons. Überall sah er blau-weiße Fahnen.

„Ich muss herausfinden, wo Südkorea liegt", dachte Tom.

Tom suchte in einem Buchladen nach einem Weltatlas.

In Geographie war er zwar immer ganz gut gewesen, aber
von diesem Land hatte er noch nicht gehört. Er bekam einen
leichten Schock, als er es im Atlas entdeckte.

„Das liegt ja in Asien, am andern Ende der Welt", durchfuhr es Tom.

Auf den Schock musste er erst einmal etwas essen.

„Hmmmmh." Dem Jungen lief das Wasser im Mund zusammen. Es roch nach Weißwürsten.

Tom steuert eine Wurstbude an.

„Ja, wen hama denn do. Wo san denn deine Eltern?", fragte der bärtige Weißwurstverkäufer.

Tom wurde rot und hoffte, dass der Verkäufer es nicht merkte. Zudem hatte er Mühe, den Mann zu verstehen. Da war Italienisch ja noch leichter.

„Meine Eltern", meinte Tom verlegen, „die sind drüben in der Halle."

Tom zeigte irgendwohin und hoffte, dass in dieser Richtung eine Halle lag. Dann zahlte er, nahm sich seine Wurst und wetzte zum Bahnhofsvorplatz.

Tom fühlte sich hilflos. Seine Eltern würden ihn noch nicht vermissen. Es war noch früh am Mittag. Einen Moment überlegte er, einfach wieder nach Mainz zu fahren.

„Aber dafür habe ich nicht eine Woche geplant", schimpfte er mit sich selbst. „So schnell gebe ich nicht auf."

Tom ging an einer Bank im Park vorbei, auf der eine ältere Frau saß.

Sie sah ein bisschen zerlumpt aus. Das Haar stand wirr nach allen Seiten. Sie trug ein Männersakko, das wohl einmal gelb gewesen war und nun eher gelb-schwarz aussah. Ihre orangenfarbene Hose passte nicht dazu und hatte zwei Löcher. Sie roch ein bisschen streng.

„Setz dich ruhig zu mir", sagte die Frau freundlich. „Ich heiße Augusta. Und du?"

Tom wollte zuerst Manuel sagen, aber von dieser Frau ging keine Gefahr aus. Das spürte er irgendwie.

Also blieb er bei der Wahrheit. „Ich heiße Tom."

Der Junge setzte sich zu der seltsamen Frau.

„Du siehst aus, als wäre dir eine Laus über die Leber gelaufen?"

„Und du siehst aus, als hättest du dich eine Woche nicht mehr gewaschen", konterte Tom, aber kurz nachdem er seine Worte ausgesprochen hatte, taten sie ihm schon leid.

Am liebsten hätte er sich den Satz wieder in den Mund gestopft und runtergeschluckt.

„Tut mir leid", meinte Tom.

„Ach macht nichts, nett, dass du dich entschuldigst. Bei mir entschuldigt sich nie jemand", sagte Augusta. „Ich bin frei wie ein Vogel. Und wenn ich keine Lust habe, wasche ich mich nicht."

„Was arbeitest du denn?", fragte Tom.

„Oh, ich bitte um Spenden und mache Platte."

„Platte?"

Tom musste sich wieder mal in die Wange zwicken.

„Ja, Platte", sagte Augusta.

„Ich schlafe unter freiem Himmel. Mit den anderen. Schau, da drüben."

Jetzt sah Tom sie. Ein paar Gestalten in Wolldecken, die Plastiktüten um sich hatten und aus großen Flaschen Wein oder Bier aus Dosen tranken. Auf dem Boden lagen drei Hunde, einer war ein Schäferhund.

„Sind das deine Freunde?"

„Ja", sagte Augusta.

„Hast du auch Freunde?", fragte sie.

„Winston und Salvatore", sagte Tom. „Und einen Zauberball, aber der trägt keinen Namen."

Jetzt schaute Augusta neugierig, aber nicht wirklich erstaunt. Sie schien allerlei Wundersames gewohnt zu sein.

„Ach, was soll's", dachte Tom. „Ich erzähle ihr einfach alles."

Und Tom erzählte und erzählte. Am Ende zeigte er ihr sogar den Brief von Opa Norbert. Augusta drehte sich ab und zu eine Zigarette oder nahm einen Schluck aus der Weinflasche. Als Tom geendet hatte, schwiegen beide für einen Moment.

Dann fragte der Junge: „Und was mache ich nun?"

Augusta zupfte sich an der rot geäderten Nasenspitze. „Sagtest du nicht, dieser Freund von Opa Norbert, dieser Johann, wohnt in Bern. Und dass er vielleicht noch lebt?"

„Ja, stimmt", sagte Tom und rätselte, was Augusta ihm sagen wollte.

„Bern ist nur zwei Stunden von hier. Du könntest ihn suchen."

Toms Augen leuchteten. „Perfekt. Dann fahren wir nach Bern."

„Wir?", sagte Augusta.

Jetzt merkte Tom erst, was er gesagt hatte. „Kannst du nicht mitkommen? Mit einer Erwachsenen bekomme ich viel besser eine Fahrkarte und komme leichter über die Grenze."

Tom sah Augusta bittend an.

Augusta lachte und zeigte ein paar Zahnlücken. Die Idee schien ihr zu gefallen. „Warum nicht?", meinte sie.

„Super, nur …" Tom druckste rum. „Könntest du dich ein bisschen waschen und dir ein paar saubere Klamotten anziehen?"

„Sei nicht so eingebildet", fuhr Augusta hoch.

„Ich mein ja nur", sagte Tom. „Wenn du Geld brauchst?"

„Geld habe ich. Heute hatte ich einen guten Stundenlohn am Viktualienmarkt. Da laufen viele reiche Pinkel rum."

Augusta kramte ein paar Geldscheine aus ihrer Jackentasche. Darunter waren auch Zwanziger. „Dann kaufe ich mir mal was. Warte hier."

Eine Stunde später kam ein völlig neuer Mensch auf Tom zu. Augusta roch nach Pfefferminze.

Sie hatte nicht nur eine neue blaue Hose und ein blaues Damenjackett an. Sie trug ihr verfilztes Haar jetzt als eine Art Dutt. Offenbar war sie auch beim Frisör gewesen. Nur ihre Nase leuchtete rot wie eh und je.

Tom hatte inzwischen eine SMS an Winston in London geschickt.

„Winston, du musst nach Bern kommen. Morgen, zum Hauptbahnhof. Um 15 Uhr", hatte er geschrieben. „Wir treffen dort jemanden, der den Ball von früher kennt."

Winstons Antwort war kurz und bündig.

„Okay. Ich weiß nur noch nicht wie."

Tom hatte zusätzlich noch einen Eilbrief an Salvatore abgeschickt.

„Salvatore,
komm, so schnell Du kannst, nach Bern. Das liegt in
der Schweiz. Hier sind meine Handynummer und die
von Winston. Wir sind dem Geheimnis des Balles auf
der Spur. Wenn Du am Hauptbahnhof ankommst,
melde Dich. Tom"

Der Junge war sich ganz sicher, auch Salvatore würde kommen. Auf seine Freunde konnte er sich verlassen.

Und offenbar auch auf Augusta.

„Bist du startklar, kleiner Freund?"

Augusta erstand ohne Mühe zwei Fahrkarten zweiter Klasse nach Bern in der Schweiz. Eine halbe Stunde später saßen sie im Zug. Tom war jetzt der Neffe von Augusta.

„Das habe ich wunderbar hinbekommen", dachte Tom stolz.

Nur noch zwei Stunden, dann würden sie in Bern sein. Dann mussten sie nur noch Johann finden.

Seoul

Kim bekommt ein Geschenk

In Seoul sprachen die Menschen bereits seit Tagen von nichts anderem mehr. Ein Großereignis kündete sich an. Die südkoreanische Nationalmannschaft trat gegen den Erzrivalen Japan an. Das Spiel würde später in den Büros der

Wolkenkratzer genauso leidenschaftlich diskutiert werden wie in den kleinen Garküchen im Gassengewirr der Hauptstadt. Kim konnte sein Glück gar nicht fassen: Er saß tatsächlich mit 65.000 jubelnden Fans im Sangnam-Stadion, der größten Fußballarena Asiens. Das Geld, das er als Fahrradbote verdiente, hatte er sieben Monate eisern gespart und sich dann die Karte gekauft. Jetzt verfolgte der elfjährige Junge fiebernd, wie die koreanischen Stürmer in den letzten fünf Minuten gegen das japanische Tor anrannten. Es stand unentschieden. Doch die Japaner gerieten mächtig unter Druck. Nach vorne ging nichts mehr. Sie bildeten einen dichten Abwehrriegel. Wehrten scharf geschossene Bälle ab, droschen sie mit dem Mut der Verzweiflung weit in die koreanische Hälfte – oder schlugen sie blindlings ins Aus, was immer öfter vorkam.

Selbst der Mittelstürmer der Japaner half hinten aus. Das Team in den dunkelblauen Trikots verteidigte das 1 : 1. Doch die Koreaner wollten siegen, warfen alles nach vorne.

„Gleich wird selbst unser Torwart zum Stürmer, um das Ei im Kasten der Japaner zu versenken", brüllte Kims Nachbar, der eine riesige südkoreanische Flagge schwenkte.

Zwei Minuten später überschlugen sich die Ereignisse. Eckball für Südkorea. Der für südkoreanische Verhältnisse riesige Keeper eilte mit großen Schritten herbei. Der Ball segelte herein, der koreanische Schlussmann stieg höher als alle anderen, erwischte die Kugel mit der Stirn und jagte sie mit ungeheurer Wucht auf das japanische Tor zu. Doch der Keeper der Japaner streckte sich wie eine Raubkatze und konnte den Ball mit den Fingerspitzen am Pfosten vorbeilenken. Einem japanischen Abwehrspieler fiel die Kugel vor die Füße. Er versuchte, den Ball aus der Gefahrenzone zu bugsieren. Doch er erwischte das Leder nicht voll. Der Ball landete kurz hinter der 16-Meter-Linie bei dem südkoreanischen Mittelfeldstar Park Ji-sung. Wendig, wie er war, trickste er zwei Abwehrspieler aus und pfefferte der Ball unhaltbar in den Winkel. 2 : 1. Das Stadion tobte. Grenzenloser Jubel. Ein Meer aus südkoreanischen Flaggen säumte das Rund. Kim war außer sich vor Freude. Er riss die Arme hoch und rief immer wieder: „Park Ji-sung. Park Ji-sung." Das ganze Stadion skandierte den Namen des Torjägers. Nur in der japanischen Kurve war es still. Geradezu beängstigend still, als eine Minute später der Schlusspfiff ertönte.

Die meisten südkoreanischen Fans schwelgten noch in ihrem Glück, da beeilte sich Kim bereits, aus dem Stadion zu kommen. Er wetzte zu den Spielerausgängen vor dem VIP-Bereich. Vielleicht konnte er ein Autogramm des einen oder anderen Spielers ergattern. Vielleicht sogar eines des Torschützen Park Ji-sung. Doch zunächst sah er zwei hohe Herren, wie sie aus dem Prominenten-Ausgang kamen. Beide waren von Leibwächtern umringt, gingen aber zu den winkenden Fußballfans am Absperrband, um vor laufenden Kameras ein paar Hände zu schütteln. Ein freundlicher älterer Herr in feinem Anzug und aristokratischem Äußeren ließ sich von einem Assistenten einen Ball reichen.

„Wer möchte diesen Ball?", rief er lachend in gebrochenem Koreanisch.

„Ich, ich, ich", schrie die Menge.

Dann warf er ihn hoch in die Luft. Kim hätte nachher

schwören können, dass der Ball im Flug seine Richtung geändert hatte. Er flog ihm genau in die Arme. Kim hielt den Ball fest und schlängelte sich durch die Menge. Er hatte die neidischen Blicke einiger größerer Jungen gesehen. Und er wollte nicht riskieren, seine wertvolle Beute zu verlieren. Zumal ihm dieser Ball irgendwie eigenartig erschien. Erst die veränderte Flugbahn, dann strahlte er eine wohlige Wärme aus.

Kim passierte ein paar große buddhistische Tempel und dann das eindrucksvolle, neu errichte Einkaufszentrum, ein Gebilde aus Glas und Stahl, in dem Menschen wie Ameisen herumwuselten. Dann kam er allmählich in die ärmeren Viertel. Hier waren die Häuser unverputzt, der Müll stapelte sich in den Straßen, Menschen saßen vor ihren Hütten und verkauften, was immer sie von den Gärten und Feldern nach Hause geschleppt hatten. In kleinen Lädchen wurden Waren angeboten. Handwerker zimmerten in fensterlosen Werkstätten, die wie Garagen zur Gasse hin offen waren und nur aus einem voll gestopften Räumchen bestanden.

In der Luft lag der Geruch von frischem Fisch, Gewürzen, dampfenden Suppenkesseln. Fünf Minuten ging Kim durch dieses Labyrinth ohne Straßennamen, durchquerte zwei Hinterhöfe, grüßte lärmende Kinder und Erwachsene, die Handkarren voller Waren durch die Straßen schleiften.

Dann trat er durch eine kleine Tür, hinter der sein Zuhause lag.

Er hatte sogar ein eigenes, wenngleich winzig kleines Zimmer, was in diesem Viertel selten war. Den größeren Raum benutzte seine Mutter, die darin ihre uralte Nähmaschine stehen hatte, ein Erbstück. Sie war im Moment bei einem ihrer vielen Kunden, um ein Kleid anzupassen. Zudem arbeitete Kims Mutter als Wahrsagerin. Kims Vater war das halbe Jahr auf Montage und würde erst in drei Monaten wieder nach Hause kommen. Die meiste Zeit lebte Kim daher alleine mit seiner Mutter, die so zierlich und kleinwüchsig war, dass sie ihn kaum überragte – und dabei war er erst elf Jahre alt. Dafür zierte ein prächtiger Schopf schlohweißen Haares ihren Kopf. Das Haar seiner Mutter hatte sich ganz früh weiß gefärbt, leuchtend weiß. Damit galt sie als Alte in Südkorea, die man mit Hochachtung behandelte. Doch Kim hatte manchmal das Gefühl, als hätte er die weißen Haare. So gut behandelte sie ihn. Seine Mutter verwöhnte ihren Sohn, als wäre er ein kleiner Buddha.

„Bist du zu Hause, Kim?", rief sie durch die Tür.

„Hier bin ich." Kim lief schnell zu seiner Mama und umarmte sie.

„Schau mal, da war ein feiner Herr im Stadion, ich glaube, er kam aus England, schau mal, was er mir geschenkt hat." Kim flitzte um sie herum und ließ den Ball auf seinem Kopf tanzen.

„Ist das nicht toll", juchzte er. Seine Mutter runzelte die Stirn ein wenig.

„Na, der sieht auch nicht mehr ganz neu aus", sagte sie und lachte, weil sie die gute Laune ihres Sohnes ansteckte.

„Schau, was ich dir mitgebracht habe", sagte sie und packte einen kleinen Krabbensalat aus. Kim war geradezu versessen auf Krabbensalat von Onkel Dong, einem Händler drei Gassen weiter. Der Junge begann zu essen.

„Ach, schmeckt das lecker."

Während er die Krabben in seinem Mund verschwinden ließ, öffnete seine Mutter einen kostbaren Schrank und zog eine mit Schnitzarbeiten verzierte Truhe heraus, die sie mit einem kleinen Schlüssel öffnete, den sie immer um den Hals trug. In der Schatztruhe bewahrte sie das ganze Familienvermögen auf, all ihr Geld, aber auch den Familienschmuck, den sie geerbt hatte.

Kim und auch ihr Mann hatten sie schon oft gebeten, wenigstens das Geld zu einer Bank zu bringen. Aber seine Mutter war störrisch. Sie traute den Banken nicht.

„Wenn die Banken pleite gehen, ist unser ganzes Geld weg", sagte sie immer. „Glaubt mir, das ist schon vorgekommen."

Kim fand das albern. „In den dicken Tresoren einer Bank ist das Geld sicher besser aufgehoben als in dieser Schatzkiste, die man mit einem Küchenmesser aufbrechen kann", dachte er. Aber seiner Mutter war nicht zu helfen.

Sie wollte ihre Schätze um sich haben – so wie es bereits ihre Großmutter und ihre Urgroßmutter gehalten hatten.

„Mich beschützen die Götter", lautete ihr Schlusswort bei jeder Diskussion.

Kim zuckte dann mit den Achseln und schwieg.

Neulich, als Kim es nicht schaffte, den Mund zu halten, meinte er nur ironisch: „Du und deine Götter. Ich hoffe, sie bekommen es hin, dass die Banditen endlich aus unserem Viertel verschwinden."

In jüngster Zeit streunte wieder eine üble Bande von Taugenichtsen umher. Kim konnte sich gut vorstellen, dass ihnen der Leichtsinn seiner gutgläubigen Mutter gelegen kam.

Doch was sollte er sich jetzt über seine Mutter Gedanken machen? Lieber befasste er sich mit seiner kugelrunden Beute. „Was bist du bloß für ein seltsamer Ball?"

In seinem Zimmer war es dämmrig. Kim bemerkte die Veränderung des Balles zunächst nicht. Die Lichtschwankungen führte er auf die glimmenden Räucherstäbchen zurück. Erst als er den Ball genauer betrachtete, sah er, dass eine sonderbare Wandlung im Gange war. Die Oberfläche der Lederkugel schien von einem feinen Lichtnebel überzogen, der im Raum aufstieg und beinahe die Konturen eines menschlichen Gesichtes gewann. Dann ließ sich der Nebel auf der Oberfläche des runden Spielgefährten nieder und formte Buchstaben. Kim begann langsam doch an Götter zu glauben. Eine der Heiligen seiner Mutter schien in diesen Ball eingefahren. Denn auf der Oberfläche erkannte er in koreanischen Schriftzeichen seinen Namen und den Namen der Stadt, in der er lebte, Seoul.

„Mama, Mama, schau mal, was mit dem Ball geschehen ist", rief er und stürmte in das Arbeitszimmer seiner Mutter.

Aber da war niemand mehr. Sie musste noch kurz zu einer Kundin oder auf ein Schwätzchen ins Teehaus um die Ecke gegangen sein.

Kim hatte den unbändigen Drang, seine Entdeckung zu teilen. Also lief er zwei Blocks weiter zu seinen besten Freunden: Shin und Shou. Das Geschwisterpaar war zehn und elf Jahre alt. Mit beiden spielte er in einer Mannschaft. Sie nannten sich nach ihrem Fußballidol „die drei Park

Ji-sung Goal Getters", kurz PGG. Auf ihre Trikots hatte Kims Mutter ihnen genau den gleichen Tiger genäht, den auch das Trikot der südkoreanischen Nationalmannschaft zierte. Der Tiger stand für Stolz und Status. Und auf ihrem Rücken trugen sie genau wie ihre Profis den Spruch „Tu-Hon". Dies bedeutet in Korea „Kampfgeist". Und davon hatten die drei Jungs eine ganze Menge. Kim hatte mit seinen beiden Freunden schon unzählige kleine Abenteuer bestanden.

Shin und Shou lebten auf zwei Etagen eines Wohnblocks, wobei sich die Schusterwerkstatt ihres Vaters im Erdgeschoss befand. Kim trat in das Halbdunkel der Werkstatt ein, roch das Fett, die Schuhcreme, das grobe Leder.

„Hallo Kim", der Schuster drückte den Jungen herzlich an seine große, lederne Schürze. „Die beiden sind oben, geh ruhig hoch."

Oben empfing ihn der Duft einer kräftigen Reissuppe mit Rindfleisch.

Kim stürmte an der verdutzen Mutter von Shin und Shou vorbei in den zweiten Raum, der als Wohn- und Schlafzimmer diente.

„Schaut mal, was ich hier habe", meinte er strahlend.

Seine Freunde begrüßten ihn freudig.

„Ein Ball, der schreiben kann", sagte Kim. Woraufhin ihn die beiden Jungen ansahen, als hätte er sich vor ihren Augen in einen rosafarbenen Tiger verwandelt.

„Was kann der Ball?", platzten Shin und Shou heraus.

Bevor Kim antworten konnte, lief der Ball wie auf Kommando statt auf dem Boden an der Decke lang – immer im

Kreis herum. Dann vollführte er seltsame Schlangenlinien, bis die Brüder erkannten, dass das wohl ein „S" sein sollte, der Buchstabe, mit denen ihre beiden Vornamen begannen.

„Unglaublich", stammelte Shin.

„Wa..., Wa..., Wahnsinn", stotterte Shou.

„Dieser Ball, der kann, der kann ja tatsächlich ..."

„Schreiben, sag ich doch die ganze Zeit." Kim reckte die Brust heraus, als sei ihm das alles schon immer klar gewesen.

Die drei Jungs ließen sich in die Mitte des Raumes plumpsen. Sie kegelten sich den Ball zu, wobei der Ball nie über den Boden, sondern immer an den Wänden entlanglief und manchmal an der Decke rotierte wie ein winziger Planet, auf dessen bräunlicher Oberfläche sich immer wieder Kims Name in schwarz umrandeten Leuchtschriftzeichen abzeichnete. Wenn sie das Licht ausmachten und die Bastvorhänge zuschoben, schimmerte der Ball wie eine magische Lampe. Die drei Kinder verfolgten wie gebannt das Treiben ihres wundersamen Gastes.

Erst nach dem dritten Rufen drang Shin und Shous Mutter zu ihnen durch.

„Hört ihr schlecht da oben? Könnt ihre diese Stoffe noch fortbringen?", schrie die Mutter, während sie die Treppe hochlief.

Die drei Freunde mussten sich von dem faszinierenden Schauspiel lösen, ob sie wollten oder nicht.

„Ich dachte schon, euch hätten sie die Ohren zugenäht. Bringt diesen Stoff bitte zur Mutter von Kim. Sie kann euch daraus zwei Hosen schneidern. Beeilt euch, wenn ihr zurück seid, essen wir Reissuppe."

In wenigen Minuten waren die drei Freunde mit dem Stoff bei Kims Mutter angelangt. Doch was sie dort vorfanden, erschütterte sie bis ins Mark. Die sonst so lebenslustige und allzeit optimistische Frau hatte alle Kerzen angezündet und ihre sämtlichen Götterstatuen aufgestellt. Sie hielt ein Amulett in den Händen und hockte wimmernd da. Kim, der seine Mutter noch nie in einem solchen Zustand gesehen hatte, stürzte auf sie zu.

„Mama, liebe Mama, was ist passiert?"

Dann sah Kim, was geschehen war. Der Schrank war aufgebrochen worden, eine Tür hing lose in den Angeln. Doch was viel schlimmer war: Die Schatzkiste fehlte.

„Alles, was wir besitzen, ist weg", schluchzte sie. „Die Göttinnen haben mich verlassen, was habe ich bloß falsch gemacht, was habe ich bloß falsch gemacht?"

„Gar nichts", versuchte Kim sie zu trösten. „Du musst dir nicht die Schuld geben."

Er gab Shin einen Wink, ein großes Taschentuch aus seinem Zimmer zu holen.

„Was habe ich verbrochen, dass mir das hier passiert?", heulte Kims Mutter weiter.

Der kleine Junge wusste, dass seine gläubige Mama immer sich selbst die Schuld geben würde. Dazu kam, dass sie jetzt wirklich alles verloren hatten. Es gab nur einen Weg, die Katastrophe abzuwenden. Sie mussten die Diebe finden.

Shin kehrte mit einem großen Schnäuztuch zurück. Shou setzte inzwischen die kaputte Tür in den Schrank ein und reparierte mit seinem Schraubenzieher, den er immer bei sich trug, die Scharniere.

Kim wischte seiner Mutter die Tränen ab. Sie hatte rot geränderte, verquollene Augen.

„Ach Junge, vielleicht hätte ich das Geld doch zur Bank bringen sollte", weinte sie.

„Da wird auch manchmal eingebrochen", sagte der Junge, der seine Mutter entlasten wollte.

„Ich bin so enttäuscht, so schrecklich enttäuscht. Wie konnte mir das bloß passieren? Ich habe schon für so viele Menschen einen Blick in die Zukunft geworfen, aber mein eigenes Unglück habe ich nicht kommen sehen", klagte seine Mutter.

Kim war schon immer skeptisch gewesen, was Mutters seherische Fähigkeiten angingen.

„Mama ist trotzdem großartig", dachte er, umso trauriger war er über den Raub. Aber nicht, weil sie kein Geld mehr hatten. Kim wollte seine Mutter wieder lachen sehen.

Shin sah seinen Freund seltsam an, so als hätte er ihm noch etwas Wichtiges mitzuteilen, würde sich aber nicht trauen, ihn anzusprechen.

„Was ist Shin?"

„Hier", sagte Shin, „ich weiß, es passt jetzt eigentlich nicht. Aber hier habe ich noch was für dich."

Kim ließ seine Mutter einen Moment mit ihrem Unglück alleine.

„Dieser Brief lag vor der Haustür, er scheint für dich zu sein."

„Wie seltsam", dachte Kim.

„Erst der Ball, jetzt der Brief."

Auf dem Kuvert stand nur „Kim Seoul", aber wenn ihn

nicht alles täuschte, war die Briefmarke eine europäische. Er drehte den Umschlag um und las den Absender: Winston, London. Das alles wurde immer rätselhafter.

„Dieser Brief hat ohne jede Adresse zu mir gefunden, wie kann das sein?", fragte er seine Freunde.

„Vielleicht ein Scherz", meinte Shin.

„Vielleicht ist es ein Zauberbrief, so wie der Ball ein Zauberball ist. Wirf ihn mal hoch, vielleicht klebt er an der Decke. Oder er trägt sich selbst aus."

Kim warf das Kuvert zur Zimmerdecke, aber der Brief segelte wie jeder andere Brief nach unten.

„Dann leg ihn mal ins Dunkle", forderte ihn Shin auf.

Kim ging mit den beiden Freunden in eine dämmrige Ecke seines Zimmers, während Kims Mutter leise weiterweinte.

Jetzt sah Kim es. Die Buchstaben flimmerten und leuchten wie auf dem Ball. Die drei Jungen staunten und zugleich wunderten sie sich irgendwie gar nicht mehr. Kim schaute kurz nach seiner Mama, der im Moment nicht wirklich zu helfen war. Dann riss er den Brief auf, zog ein Blatt heraus, auf dem nur wenige Zeilen standen. Er las laut vor, wobei er zwischen jedem Wort eine kleine Pause machte, um die Feierlichkeit des Moments zu betonen:

„Lieber Kim, wenn der Ball zu dir kommt, kannst du dich freuen. Mir hat er geholfen, dass ich meinen Papa endlich ganz oft sehen kann. Ich hoffe, der Ball hilft dir auch. Dein Winston."

Kim reichte den Brief herum.

„Der Junge, der den Ball vor mir besessen hat, dieser

Winston, er muss mir das geschrieben haben, damit wir wissen, dass der Ball uns helfen kann", sagte Kim in Gedanken versunken.

„Und ihm war klar, dass dieser Brief dich finden wird", sagte Shin nicht weniger ergriffen. Alle drei schwiegen ehrfürchtig.

„Dann kann, dann …", setze Shou nach einer Weile an.

Die andern wussten, was er sagen wollte.

„Dann kann der Ball uns vielleicht helfen, die Schatztruhe wiederzufinden", sprach Kim aus, was allen durch die Köpfe geisterte.

„Und wie soll das gehen?", fragte Shou.

„Lasst uns erst mal hier verschwinden und draußen beraten", schlug Shin vor.

Als die drei auf dem Weg nach draußen durch den Schneiderraum gingen, sahen sie zwei Freundinnen von Kims Mutter bei ihr sitzen. Sie tranken Tee und beteten mit ihr. Kims Mutter schien sich gefangen zu haben.

„Kim", rief sie ihrem Sohn zu, „die Götter sind uns doch gewogen. Ich bin sicher, dass wir das Geld wieder bekommen."

„Dann bin ich beruhigt", sagte Kim.

„Lasst uns abzischen", raunte Kim seinen Freunden zu. Dann verließen sie den Raum und traten hinaus ins Sonnenlicht.

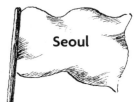

Seoul Kim und seine Freunde müssen einen harten Kampf bestehen

Die drei Freunde hockten sich in einer ruhigen Ecke zu dem Ball auf den Boden. Das Ganze glich einer Geisterbeschwörung.

„Kannst du uns helfen, Ball?", fragte Kim.

„Wir brauchen die Schatzkiste von Kims Mutter zurück", ergänzte Shou.

„Sonst ist sie ein Leben lang unglücklich. Und Kim kann nie mehr zu einem Fußballspiel gehen, das Eintritt kostet", fügte Shin hinzu, der hoffte, dass der Ball dieses Argument vielleicht am ehesten verstehen würde.

Und tatsächlich: Der Ball begann sich zu drehen, dann hüpfte er auf und ab, richtig fest, als sei er zornig. Schließlich machte er einen riesigen Satz über die drei hinweg und begann, die Straße hinabzurollen.

„Los hinterher", rief Kim.

Und die drei Jungen sausten dem Ball nach.

Der runde Lederkamerad hatte es plötzlich sehr eilig. Bald hatten sie die Altstadt verlassen. Sie kreuzten die Hochhaussiedlungen der Millionenstadt, fuhren ein paar Stationen mit der U-Bahn, wobei der Ball zur Kabinentür hopste, wenn sie aussteigen mussten. Sie passierten den golden schimmernden Königspalast, folgten ein Stück dem Ufer des Hangang, rannten an den Kalligrafen vorbei, die weiße Blätter mit kunstvollen Schriftzeichen verzierten. Der Ball schlängelte sich zwischen den Menschenmassen und Ständen auf dem Markt, auf dem getrocknete Blüten, Frösche, Krabben, Früchte oder Gemüse verkauft wurden. Doch für all das hatten die drei Jungs keinen Sinn. Sie hatten ihre liebe Mühe, den Ball nicht zu verlieren, der schließlich in einem Industriegebiet langsamer wurde. Große Lkw quälten sich die Straßen entlang. Kim, Shin und Shou waren noch nie hier gewesen.

Das Gewerbegebiet lag wohl schon lange still. Der Ball schlüpfte durch ein Loch in einem Gitterzaun. Die Jungs immer hinterher. Dann umrundete der Ball ein großes, verschachteltes Gebäude, das ungeheuer baufällig wirkte.

Jetzt schlich der Ball geradezu. Hopste beinahe lautlos durch einen Hintereingang, an dem der Putz von den Wänden bröckelte. Dann das Treppenhaus zwei Stockwerke hoch.

Der Ball schien den Weg zu kennen. Er kullerte zielsicher durch kahle Räume – bis zu einem Abzugsgitter, wurde langsamer und vorsichtiger, als lausche er in das Gebäude hinein.

Jetzt hörten auch die Jungs Stimmen. Kim presste sich auf das Gitter, um besser sehen zu können. Unter ihm liefen Menschen herum, grobschlächtige Typen, das konnte er erkennen. Er verstand nur Wort- und Satzfetzen, „blöder Weißschopf", „der Schmuck ist eine Menge wert", „Geld", „noch drei Wochen", „dann andere Stadt".

„Das müssen die Diebe sein", raunte Kim den anderen zu. Der Ball hatte sie tatsächlich in die Höhle des Löwen geführt.

„Wir müssen warten, bis sie sich zu einem Raubzug aufmachen", wisperte Kim, „dann können wir uns den Schatz holen."

„Hoffentlich bleibt niemand als Wache zurück", sagte Shin.

„Ach was", beruhigte Shou, „die fühlen sich in dieser finsteren Gegend sicher."

Nach gut einer halben Stunde hörten sie schwere Eisentüren schlagen, dann eine Weile nichts mehr. Sie spähten durch den Rost, konnten aber niemanden entdecken. War die Bande auf Diebestour?

Die drei Jungen warteten noch etwas zur Sicherheit. Dann sahen sie sich vorsichtig um, während sie nahezu geräuschlos die Treppe hinabstiegen und sich auf den Versammlungsraum der Bande zu bewegten. Alles war still, die Raubvögel schienen ausgeflogen. Die drei schoben die rostige Stahltür auf, die verräterisch quietschte. Das Geräusch ließ sie vor Schreck erstarren. Aber nichts geschah. Schließlich linsten sie durch den Türspalt.

Allein der Ball schien keine Angst zu kennen. Ohne Zögern huschte er als Erster in den Raum, sauste hin und her. Dann hopste er auf und nieder, als wolle er sagen: „Kommt schon, die Luft ist rein."

Nach und nach betraten die Jungen den Raum. Was für ein finsteres Loch. In den Fensterrahmen steckten die zersplitterten Reste der Scheiben, scharf wie Hai-Zähne. Von der Decke baumelte eine nackte Glühbirne. In den Ecken lagen schmutzige Matratzen. Der Rest glich einer Müllhalde.

„Was für ein Saustall", rutschte es Shin heraus, „wenn unser Zimmer so aussehen würde, Mutti würde alles zum Fenster rausschmeißen."

Die Jungs blickten sich um.

„Dahinten ist eine Falltür im Betonboden", sagte Kim.

Sie öffneten einen Verschlag, kletterten ein paar Stufen eine rostige Leiter hinab und gelangten zum Eingang eines kleinen Tunnels.

„Los weiter", drängte Kim und kroch als Erster hinter dem Ball durch die abschüssige schmale Röhre, die offenbar zu einem anderen Teil der Fabrik führte.

„Kommt schon, wir haben nicht viel Zeit", rief Kim.

Jetzt stiegen auch Shin und Shou in die Röhre. Auf dem staubigen Boden sahen sie Fußspuren, die ziemlich groß waren. Es dauerte nicht lange, bis die kleine Gruppe das Ende des Durchgangs erreicht hatte, der Ball immer vorneweg. Dort mündete die Röhre erneut in einen größeren Raum. An den Wänden stapelten sich leere Paletten. Am gegenüberliegenden Ende schien sich wieder eine Tür zu befinden. Irgendetwas war mit einem sackartigen Vorhang abgetrennt.

„Funkelt da nicht was", freute sich Shin. Und schon stürmten alle los.

„Ja, das ist ein Teil von Mamas Lieblingskette. Da, da muss ihre Schatzkiste sein", rief Kim ganz aus dem Häuschen.

Die drei Kinder ließen alle Vorsicht fallen. Mit einem kräftigen Ruck rissen sie den Vorhang runter – und erstarrten vor Schreck. Hinter ihm lag tatsächlich der Schatz. Hinter dem Vorhang standen aber auch zwei grinsende, schwer bewaffnete Banditen.

„Das habt ihr euch fein ausgedacht", ergriff einer der beiden das Wort und zeigte grinsend sein Gebiss, das aus Goldzähnen und riesigen schwarzen Zahnlücken bestand.

„Uns bestiehlt niemand", feixte der andere Ganove, in dessen rechter Augenhöhle ein Glasauge saß.

Kim verdaute den Schock am schnellsten, drehte sich abrupt um und stürmte auf den schmalen Gang zu. Shin und Shou folgten ihm. Doch in dem Moment, als er sich kopfüber in den Durchgang werfen wollte, tauchte ein weiterer Dieb auf, offenbar der Anführer der Bande. Sein riesiger, tätowierter Körper versperrte den Ausweg.

„Euch mache ich fertig", grollte er und packte Kim mit seinen muskulösen Armen. Wenig später waren auch die beiden Brüder überwältigt. Die Kinder saßen in der Falle. Die drei Ganoven hatten sie mit ihren Gürteln gefesselt, die ihnen tief ins Fleisch schnitten. Der tätowierte Anführer packte Kim am Hals, hob ihn hoch wie eine Puppe. Kim lief rot an, japste nach Luft.

„Was wolltet ihr hier?", brüllte er den Jungen an.

„Los, rede, du kleiner Bastard." Die anderen beiden kamen drohend näher, blitzende Messer in den Händen.

„Sollen wir ihn ein wenig kitzeln?", fragte der Räuber mit den Goldzähnen, aus dessen Mund es wie auf einer Müllkippe roch.

„Warum nicht?", grinste der Anführer und ritze Kims Oberarm, sodass ein paar Tropfen Blut über die Haut rannen.

Kim reckte das Kinn nach vorne und spuckte dem Angreifer ins Gesicht.

„Jetzt bist du fällig", brüllte der Tätowierte wütend und ballte die Fäuste.

Shin und Shou zuckten zusammen. Die Messer der drei Verbrecher kamen immer näher.

Gerade als der gezackte Dolch des Anführers Kims Nasenspitze berührte, legte der Fußball los. Die drei Räuber hatten den Eindruck, von einer ganzen Armee angegriffen zu werden, die sie mit Kanonen unter Feuer nahm. Eisenharte Lederkugeln hagelten auf die Verbrecher nieder. Der Ganove mit den Goldzähnen erhielt einen brutalen Schlag in den Magen, beugte sich stöhnend vornüber. Sekunden später schlug eine Lederkugel in seinem Nacken ein.

Dem Ganoven mit dem Glasauge wurde sein Messer aus der Hand geschmettert, bevor er ein paar Treffer auf das gesunde Auge einstecken musste, das sich sofort blau färbte. Kurz darauf erwischte es den Tätowierten, also den Boss der Bande, mit einem heftigen Lederhieb auf die Nase.

„Au. Aaaaah. Autsch."

Der Anführer rieb sich den ramponierten Zinken. In der nächsten Sekunde sprang der Ball dem Räuber mit einer unglaublichen Wucht ins Gesicht. Der Schwung war so stark, dass der Mann gegen die Betonwand krachte. Er sackte zusammen und sprach keinen Ton mehr.

Die drei Jungs stürmten mit gesenkten Köpfen auf die anderen Bandenmitglieder zu und rammten ihnen ihre Schädel in den Bauch. Der Ball fegte zwischen die Verbrecher und deckte sie wie eine Horde wild gewordener Boxer mit Haken und Geraden ein, bis sie von unzähligen Schlägen getroffen zu Boden gingen.

„Los, in die Ecke zu eurem Anführer", herrschte Kim die zwei Banditen an.

Die zwei Gestalten gehorchten ihm, obwohl er noch immer gefesselt war. Sie krochen kreidebleich und völlig verängstigt in die Ecke. Dort kam der Anführer langsam wieder zu sich.

„Diese Jungs haben magische Kräfte", wimmerte der Dieb mit dem Glasauge, der kaum mehr etwas erkennen konnte, weil sein gesundes Auge inzwischen vollkommen zugeschwollen war.

„Dieser Ball mu-muss direkt aus der U-U-Unterwelt kommen", stotterte der Hüne mit den Goldzähnen, während sein Gebiss klapperte.

Mit dem Ball schien nicht zu spaßen zu sein. Er wippte bedrohlich auf und ab.

„Schneid mir die Fesseln durch", forderte Kim den Tätowierten auf. Der eben noch so gefährliche Kriminelle wagte keinen Widerspruch. Kim befreite die anderen Jungs.

Jetzt drehten sie den Spieß um. Binnen weniger Momente hatten sie die drei Räuber mit ihren eigenen Gürteln gefesselt.

„Jetzt holen wir uns die Schatztruhe zurück", freute sich Kim.

Doch zunächst nahmen sie nacheinander den Ball in ihre Arme, um sich überglücklich für ihre Rettung zu bedanken.

Minuten später hatten die drei den Schatz in ihren Taschen verstaut.

„Macht schnell. Wir müssen zurück zu meiner Mutter", sagte Kim.

Und schon rannten sie los.

Eine Stunde später erreichten sie die Schneiderstube.

Kims Mutter war bestens aufgelegt. Wie konnte das sein? Eine Veränderung hatte Kim schon beim Eintreten in die

216

Wohnung ausgemacht. Der handgeschnitzte Schrein und die Schatzkiste fehlten. Alte Erbstücke, das Teuerste, was ihre Familie neben dem Schatz besessen hatte.

„Ich glaube, ich weiß, wie ich das Geld und den Schmuck wieder bekomme", sagte Kims Mutter.

„Wir wissen es auch", grinsten Kim, Shin und Shou.

Mutter nahm keine Notiz von dieser Äußerung. „Ich habe ein Geschenk für euch drei."

„Ein Geschenk?", fragten die drei ungläubig.

„Weißt du, Kim, ich habe nie verstanden, wie wichtig dir das Fußballspielen ist. Dafür haben die Götter mir einen Denkzettel verpasst. Daher habe ich den Schrein und die Truhe verkauft und dafür das hier erworben."

Kims Mutter drückte ihrem Sohn einen Umschlag in die Hand.

„Und damit du dich nicht alleine fühlst, auch je einen für Shin und Shou."

Die Kinder rissen die Kuverts auf und ihr Grinsen ging von Ohr zu Ohr.

„Eine Dauerkarte für die erste Liga im Sangnam-Stadion. Das ist ja irre. Daaaaaaaanke."

Die Jungs lachten und freuten sich.

Und auch der Ball lief vergnügt an den Wänden entlang.

Kims Mutter hatte nur Augen für die glücklichen Gesichter der Kinder, sodass sie den Ball nicht einmal bemerkte.

„Mama", sagte Kim. „Wir haben auch etwas für dich."

„Für mich?", fragte sie.

„Ja, für dich. Mach bitte die Augen zu. Und halte uns die Hände hin."

Kims Mutter formte aus den Handflächen eine Kuhle und streckte sie ihnen entgegen.

Nach und nach kramten die Kinder alles Geld und den Schmuck aus ihren Taschen und legten es ihr in ihre Hände.

Kims Mutter öffnete die Augen.

Sie war außer sich. „Unser Geld, der Schmuck, alles ist wieder da. Die Götter haben mir geholfen."

„Und der Ball", sagten die Kinder.

Aber Kims Mutter hörte gar nicht richtig zu. Sie umarmte einen nach dem anderen. Dann zog sie ihre Lieblingsgöttin aus ihrer Handtasche, küsste sie und legte sich ihre wertvollste Kette an.

„Jetzt essen wir den besten Krabbensalat der Stadt", verkündete sie.

„Und beim ersten Fußballspiel bin ich dabei. Ich habe nämlich auch eine Karte. Die Götter sind mit uns. Jetzt werden wir Meister."

Alle mussten lachen. Sie waren so vergnügt, dass sie gar nicht merkten, dass der Ball das Haus schon wieder verlassen hatte.

Der kleine Held hatte es eilig. Er musste zum Flughafen. Die Maschine nach Bern in der Schweiz ging in einer halben Stunde.

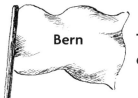

Bern

Tom, Winston und Salvatore suchen den alten Johann

„Winston, was ist denn? Komm jetzt endlich." Tom und Salvatore drängten zum Aufbruch. Winston hingegen stand wie angewurzelt vor dem Berner Zytglogge-Turm, dem alten Westtor der Altstadt. Als gäbe es nicht Spannenderes auf der Welt, bestaunte er die astronomische Uhr unter dem riesigen Zifferblatt. „Du und dein Uhren-Tick. Auf jetzt! Wir müssen weiter", moserte Salvatore und zerrte seinen Freund mit sich. Winston war so fasziniert, dass er für ein paar Minuten vergessen hatte, warum sie überhaupt in der Schweizer Bundesstadt, wie die Hauptstadt hier genannt wird, waren. Sie suchten Johann Dornfeld, um mehr über den Zauberball zu erfahren.

„Hier muss es sein", rief Tom aufgeregt, der schon vorausgelaufen war.

Kurze Zeit später standen die drei Freunde vor einem mächtigen schmiedeeisernen Zaun, hinter dem sie eine pompöse Villa ausmachten.

„An der Klingel steht J. Dornfeld. Das ist er. Das ist ganz bestimmt Johann Dornfeld", sagte Tom.

Die Kinder sahen sich an. Bislang war alles nach Plan gelaufen.

Tom hatte problemlos mit Augusta die Grenze überquert und sie hatten sich in Bern in einem kleinen Hotel in der Nähe der Universität einquartiert – als Tante und Neffe. Einen Tag später war Winston angereist und Augusta nach

München zurückgekehrt. Die beiden Freunde waren sich am Hauptbahnhof glücklich in die Arme gefallen.

Wie es der Zufall so wollte, musste Winstons Vater George als Außenminister in Bern und Zürich drei Tage lang wichtige Leute treffen. Und da hatte er seinen Sohn einfach mitgenommen. George konnte Winston keinen Herzenswunsch abschlagen, schon gar nicht, wenn es um den Zauberball ging. Winston verschwieg natürlich, dass sein Freund Tom ausgebüchst war.

„Warum die Erwachsenen unnötig aufregen?", dachte er.

Winston wohnte in einem geräumigen Zimmer im luxuriösen Hotel Bellevue. Dort war jetzt auch Tom eingezogen. Und mittlerweile sogar Salvatore.

Salvatore hatte sich ähnlich listig wie Tom davongeschlichen. Die ersten 50 Kilometer hatte der Italiener mit seinem neuen Rennrad zurückgelegt, getarnt als Wettkämpfer. Erst dann war er mit seinem schnittigen Drahtesel in den Zug gestiegen und hatte jedem Schaffner eine Bescheinigung des schweizerischen Radverbandes vor die Nase gehalten, dass er für ein wichtiges Rennen nachnominiert worden sei und deshalb allein anreisen müsse.

Alle Dokumente waren aus dem Internet zusammenkopiert.

Salvatores Eltern dachten, er sei bei einem Fußballcamp, was er ursprünglich auch vorhatte – nun aber ausfallen ließ.

„Wie leicht man die Erwachsenen austricksen kann", freute sich Salvatore, als er mit Tom und Winston Wiedersehen feierte.

Dann hatten die drei alle Telefonbücher nach Johann

Dornfeld durchforstet. Zum Glück gab es diesen Namen nur einmal im Großraum Bern.

Nun also hatten sie die imposante Villa mitten in der Altstadt gefunden. Sie sah düster aus wie ein Spukschloss. Die meisten Fensterläden waren geschlossen. Den hohen schmiedeeisernen Zaun krönten geschliffene Spitzen, die wie gefährliche Dolche in den Himmel ragten.

„Das ist ja gruselig. Da sollen wir klingeln? Was für ein Schleimblödsinnsdreckskack", sprach Winston aus, was alle fühlten.

„Wer hier wohnt, liebt keine Gäste", sagte Salvatore.

„Und schon gar keine Kinder", meinte Tom, denn nicht mal eine Torwand war in dem Park zu sehen.

„Los Jungs, man lebt nur zweimal", meinte Salvatore schließlich.

Winston und Tom mussten lachen.

„Wo hast du denn den Spruch schon wieder her?"

„Von meinem Kumpel James Bond, von wem sonst", gab Salvatore zurück.

Dann drückten sie auf die Klingel. Die Gegensprechanlage räusperte sich. „Wen darf ich melden?"

„Uns", sagten Tom, Winston und Salvatore. „Wir sind wegen dem Ball da."

„Wir kaufen nichts", tönte es aus dem Lautsprecher an der Pforte. „Schon gar keine Bälle."

„Nein, wir wollen nichts verkaufen, wir müssen dringend mit Herrn Dornfeld reden, wegen dem Ball, dem von Opa Norbert aus Mainz", sagte Tom aufgeregt.

„Es geht um Leben und Tod", schob Salvatore noch hinterher. Das kam immer gut.

„Warten Sie", meinte die Stimme aus dem Lautsprecher mürrisch. Dann geschah eine Weile gar nichts. Schließlich schlurfte ein alter Mann in einem altmodischen Anzug zur Pforte. Er schloss das Tor auf.

„Sind Sie Herr Dornfeld?", fragte Winston.

„Nein, ich bin James, sein Butler", antwortete der Mann. „Ihr habt Glück, eigentlich empfängt der Herr nie Gäste, aber hier macht er eine Ausnahme."

„Ich hab euch doch gesagt, dass James mein Kumpel ist", kicherte Salvatore so leise, dass es nur Winston und Tom hören konnte.

Die drei Jungs schritten durch das Tor.

Dann folgten sie dem Butler über einen breiten Weg zu dem herrschaftlichen Gebäude. Rechts und links standen Kiefern, Pappeln und Tannen wie stumme Wachsoldaten. Den Kindern war ein wenig unheimlich zumute.

„Sollen wir umkehren?", flüsterte Winston.

„Ach Quatsch, High Noon, Cowboys. Zieht die Colts. Wir pusten jeden Gegner weg", gab Salvatore zum Besten, aber ganz so sicher war auch er sich seiner Sache nicht.

Die herrschaftliche Villa mit ihrem großen dunklen Eingangsportal kam immer näher. Sie hatte Säulen, einen kleinen Turm und viele Dachschrägen. Die Vorhänge an den Fenstern waren zugezogen.

„Hier wohnt eher Dracula und kein Johann", wisperte Tom.

Winston fasste sich an den Hals, als müsse er gleich die

Beißattacke eines Vampirs abwehren. Dann öffnete James das Portal.

„Kommen Sie herein", meinte er barsch.

Die Kinder betraten eine riesige Eingangshalle.

„Schaut mal", rief Tom und zeigte zum Deckengewölbe. „Der Kristallleuchter sieht aus wie ein Fußball."

„Stimmt", rief Winston, „vielleicht sind wir hier doch richtig."

James öffnete eine weitere Flügeltür. Dahinter traten sie in einen Salon mit prächtigen alten Möbeln. An den Wänden hingen Bilder in schweren Goldrahmen. Die hohen Fenster waren mit Efeu zugewachsen, sodass der Salon in ein fahles Licht getaucht wurde. An einem gewaltigen Tisch saß ein alter, gebeugter Mann mit schlohweißem Haar. Er paffte eine dicke Zigarre. Vor sich hatte er einen Kelch stehen, der wie ein halbierter Fußball aus Silber und Gold wirkte.

„Der Herr erwartet euch", sagte James. „Bitteschön."

Er führte die drei zu dem Tisch.

Die Kinder setzten sich auf große, globige Eichenstühle. Sie waren so hoch, dass ihre Füße über dem Parkett baumelten.

„Ihr habt also meinen alten Freund Norbert aus Mainz gekannt und …", der alte Mann stockte kurz, „… den Ball."

Er kniff die Augen zusammen. Seine Mundwinkel zuckten. Die drei Kinder fühlten sich unbehaglich.

„Norbert Becker war mein Großvater", sagte Tom, während er den knorrigen Alten schüchtern musterte. „Er hat einen Zauberball auf dem Speicher in unserem Haus in der Oberstadt versteckt", schob Tom noch nach.

Die Mundwinkel des alten Johann zuckten nervös. Er legte die brennende Zigarre in einen Aschenbecher aus Kristall und nahm einen tiefen Schluck aus dem eigenartigen Weinkelch.

„Woher wisst ihr, dass ich und Norbert Freunde waren", sagte der alte Mann und blickte sie mit seinen kleinen, stechenden Augen an, als wären sie beim Verhör.

„Er hat das hier bei dem Ball hinterlassen", sagte Tom und kramte Opa Norberts Brief aus der Hose.

Er schob ihn dem alten Mann rüber.

Der setzte sich umständlich seine Brille auf und fing an zu lesen. Es dauerte eine Ewigkeit, bis er das zerknitterte Blatt wieder weglegte. Es schien, als hätte er den ganzen Text auswendig gelernt. Dann legte er seine Brille auf die Tischplatte und blickte in die Ferne, als krame er in alten Erinnerungen.

Die Kinder rutschten unruhig auf den riesigen Stühlen hin und her.

„Sie könnten uns ruhig mal was zu trinken anbieten", platzte Winston heraus, der einen riesigen Durst hatte. „Vielleicht eine Limo."

Der alte Mann schien nichts zu hören.

„Eine Limo, schließlich ist Mittagszeit", wiederholte Winston.

„Wir sind durstig wie Bauarbeiter bei 50 Grad im Schatten", bekräftigte Salvatore. „Und hungrig wie Bären."

Der alte Mann betätigte eine silberne Klingel. James erschien.

„Sie wünschen?"

„Besorgen sie eine Flasche Limonade und drei Gläser, nein, zwei Flaschen Limonade und Pommes Frites mit Ketchup und Majo. Ach ja, und drei Hamburger."

„Sehr wohl, der Herr."

James verschwand.

Der alte Mann blickte Tom an.

„Du wirst dich nicht mehr daran erinnern können, aber ich war damals in Mainz auf der Beerdigung deines Großvaters. Er hatte mich manchmal in Bern besucht. Und er hat oft von dir gesprochen. Ich glaube, er war ganz vernarrt in dich", sagte er.

„Dann stimmt also, was in dem Brief steht. Aber wart ihr tatsächlich so gute Freunde wie Winston, Salvatore und ich?", fragte Tom.

„Wir waren damals die besten Freunde, die man sich nur vorstellen kann. Und der Ball war das Tollste, was mir je begegnet ist. Wir haben monatelang unseren Spaß mit ihm gehabt. Ich werde das nie vergessen. Damals war ich bettelarm. Alles, was ich anpackte, ging schief. Glaubt mir, der Ball hat mich gelehrt, an mich zu glauben. Alles, was ich später erreicht habe, hätte ich sonst nicht geschafft."

„Aber warum ist es hier so düster und warum sind Sie jetzt nicht mehr so fröhlich?", wandte Winston ein.

„Ihr haltet mich also für einen alten Griesgram. Vielleicht habt ihr recht. Meine Verwandten geiern nur auf mein vieles Geld. Und ich kenne zwar eine Menge Leute, aber das sind alles keine richtigen Freunde, nicht wie Norbert einer war. Mir ist nur James geblieben, die treue Seele, und meine vielen wunderschönen Erinnerungen", sagte er seufzend.

„Coole Tasse", warf Salvatore ein, der für seine abrupten Themenwechsel berühmt war, und zeigte auf den Weinkelch.

Jetzt lächelte der mürrische Johann zum ersten Mal.

„Das ist mein kleiner Tick. Aber jetzt zeigt euch der alte, einsame Griesgram mal was." Johann zog nach langer, langer Zeit zum ersten Mal wieder die schweren dunklen Vorhänge auseinander und riss die Fenster auf. Die Sonne kämpfte sich durch das Efeu und tauchte den Raum sogleich in ein freundlicheres Licht.

„So – und jetzt schaut euch mal genau um. Ihr werdet noch mehr wundervolle Dinge entdecken."

Tom, Salvatore und Winston rutschten von den hohen Stühlen herunter und nahmen den riesigen Salon genauer in Augenschein.

„Seht mal da oben", rief Tom. „An dem Kronleuchter hängt ein Mobile aus kleinen braunen Bällen."

„Die leuchten sogar, wenn es dunkel wird", sagte der alte Johann, der schon deutlich netter klang. „Kennt ihr das irgendwoher?"

„Lässig, lässig. Genau wie bei unserem Wunderball", sagte Salvatore.

Johann nickte.

„Tom, Salvatore, habt ihr schon den Teppich gesehen? Wie abgefahren ist das denn? Da sind ja lauter Fußballer drauf", rief Winston.

„Ja", sagte Johann. „Dieser Teppich ist eine Spezialanfertigung. Das sind alles Szenen aus Endspielen der vergangenen fünf Weltmeisterschaften."

Jetzt folgte eine Entdeckung auf die nächste. Der Salon

war eine Wundertüte – mit ganz viel Fußball drin. In einem großen Aquarium schwammen kleine Fußbälle herum, mit denen die Fische spielten. An den Wänden hingen Lampenschirme, in die die Logos der großen Fußballclubs eingearbeitet waren. Es gab eine Sitzgruppe mit superedlen Schalensitzen aus Leder, die aber den Sitzplätzen einer Fußballtribüne ähnelten. Gruppiert waren sie um einen Glastisch, in dem ein großes Stück original WM-Rasen von 1954 eingelassen war. Hier in Bern war Deutschland schließlich Weltmeister geworden. Die Ölporträts von Sepp Herberger, Helmut Rahn, Horst Eckel, den Brüdern Fritz und Ottmar Walter sowie den anderen Fußballhelden prangten an den Wänden.

„Hey Jungs, der Fernseher dort hinten ist ja der Hammer", platzte Winston heraus. Der extrabreite Plasmabildschirm ähnelte einer Anzeigentafel im Stadion.

„Erlaubt ist, was gefällt", kommentierte Salvatore nur. Aber er war natürlich genauso beeindruckt wie die anderen auch.

Tom fühlte sich ein bisschen an seine geheime Stadt erinnert. Der alte Johann wurde ihm immer sympathischer.

Die Kinder hatten gar nicht bemerkt, dass James inzwischen mit Limonade, Pommes und Hamburgern zurückgekehrt war.

„Jetzt gibt es was zu essen. Und anschließend erzählt ihr mir, wie ihr hierhergekommen seid. Und vor allem, was ihr mit dem Ball erlebt habt."

James musste noch zwei Mal Hamburger und drei Mal Limonade holen gehen, solange brauchten der alte Johann und die Kinder, um sich ihre Geschichten zu erzählen. Sie futterten ganze Berge auf.

Nur Salvatore hielt sich ein wenig zurück. Er erinnerte sich noch zu gut an die Zeit, als er in Sizilien als Einziger nicht durch das Loch im Zaun gepasst hatte.

Der alte Johann fühlte sich sichtlich wohl. Er war nach und nach aufgetaut. Die Kinder durften ihn mittlerweile duzen.

Butler James rieb sich die Augen. So fröhlich hatte er seinen Brötchengeber schon lange nicht mehr gesehen.

„Und wisst ihr, was ich am schönsten fände?", sagte Johann gerade.

„Was?", fragten die Kinder.

„Wenn ich den Ball noch einmal sehen würde. Wenigstens ein einziges Mal."

„Ja, das wäre auch für mich das schönste auf der Welt", meinte Tom sofort. Er träumte immer noch davon, ein toller Fußballer zu werden. „Und dafür brauche ich einfach den Ball", dachte er.

Johann gähnte. „Tut mir leid, Kinder. Ich brauche jetzt ein kleines Nachmittagsschläfchen. Ich bin ja schließlich schon 75. Und außerdem habe ich nicht jeden Tag so weit gereiste Gäste zu Besuch. Euch würde eine Mütze Schlaf übrigens auch nicht schlecht bekommen. Ihr seht ziemlich mitgenommen aus. Wenn wir wieder wach sind, überlegen wir, was wir als Nächstes tun. Einverstanden?"

„O ja, ich bin ziemlich im Eimer", meinte Winston.

„Früh ins Bett macht gesund", gab Salvatore zum besten.

„James", rief Johann. „Eine große Hängematte und drei kleine."

228

Die Jungs dachten erst, dass sie sich verhört hätten. Hängematten im Wohnzimmer?

Doch James schob ungerührt nach und nach vier Gestelle in den Salon. Sie schienen aus Torbalken gezimmert. Dazwischen spannte er jeweils eine Hängematte, die wie ein Tornetz geknüpft war.

„Alles einsteigen", meinte Johann und lächelte. „James, wecken Sie mich und meine Gäste bitte in einer Stunde."

„Sehr wohl, der Herr."

„Was für eine coole Nummer", murmelte Tom noch, dann war er eingeschlummert.

Wumm. Wumm. Wumm.

Tom träumte von seiner geheimen Stadt. Er ging gerade mit eingeschalteter Taschenlampe durch die Gänge und Höhlen des Dachbodens. Ein eigenartiges Geräusch hatte ihn angelockt. Es kam ihm unendlich vertraut vor.

Wumm. Wumm. Wumm.

Tom näherte sich dem Meisterzimmer, in dem die Pokale seines Großvaters im Dämmerlicht funkelten. Irgendetwas musste sich hinter den Vitrinen und Schränken versteckt haben.

Wumm. Wumm. Wumm.

Plötzlich sprang ihn etwas aus dem Dunkeln an. Tom schreckte zusammen und ließ die Taschenlampe fallen. Ein unheimliches Monster streckte seine Tentakel nach ihm aus.

„Tom. Herr Tom. Hallo Tom."

Woher kannte das Monster seinen Namen?

„Tom. Hallo Tom. Aufwachen."

Die Tentakel fühlten sich nun wie menschliche Finger an, nein, wie eine behandschuhte Hand.

„Herr Tom, bitte aufwachen. Hier ist jemand."

Der Traum zerstob. Tom wurde langsam wach. Er blinzelte. Öffnete die Augen.

Wumm. Wumm. Wumm.

Wo war er? Das Geräusch schien noch immer da. Lauter denn je.

Tom erkannte James, den Butler.

Aber der Butler konnte unmöglich solche Geräusche machen. Er stand vollkommen unbewegt da, als hätte er einen Besen verschluckt.

„Hier will jemand zu Ihnen, Herr Tom", sagte er in förmlichem Ton.

„Wer denn?", gähnte Tom, während er sich den letzten Rest Schlaf aus den Augen rieb.

Dann sah er es. Tom war noch nie so schnell hellwach. Mit einem Satz sprang er aus der Hängematte und landete direkt neben der Quelle des Geräuschs.

Wumm. Wumm. Wumm.

Und dann schloss Tom etwas kleines Rundes in die Arme.

„Endlich. Da bist du ja wieder", schrie Tom vor Begeisterung.

„Leute aufwachen. Ganz schnell. Der Ball ist wieder da. Unser Ball."

Winston, Salvatore und auch der alte Johann schwangen sich aus ihren Hängematten. Tom begrüßte sie mit einem Rap.

„Der Ball ist da. Da ist der Ball.
Der Ball fliegt durchs All. Durchs All knallt der Ball.
Da ist der Ball. Ich mache Krawall.
Tom hat den Ball. Den Ball aus dem All.
Schneller als der Schall. Der Ball ist überall.“

Plötzlich polterte es. James hatte das Silbertablett fallen lassen und starrte ungläubig in Richtung Johann. Der alte Mann schien in einen Jungbrunnen gefallen zu sein. Sein eben noch gebeugter Körper bewegte sich rhythmisch zu dem Sprechgesang Toms.

„Wenn Ihre Herrschaften nichts dagegen einzuwenden haben, würde ich mich jetzt gerne in meine privaten Gemächer zurückziehen“, sagte James, der ganz offensichtlich einer Ohnmacht nahe gewesen war und sich mit Mühe wieder gefangen hatte. Ohne eine Antwort abzuwarten, verschwand er schnell und hoch erhobenen Hauptes durch die Flügeltür.

Johann, Winston, Tom und Salvatore feierten auf ihre Weise Wiedersehen mit dem Ball, der in fröhlichen Farben leuchtete, als würde er alle paar Minuten das Trikot wechseln. Der alte Mann und die Kinder hatten Hängematten, Tische, Sessel und Stühle zur Seite geräumt und kickten fröhlich im Salon herum. Sie hatten einen Riesenspaß dabei. Und nur einmal wurde die Lage kritisch, als Johann übermütig einen Fallrückzieher versuchte. Dabei wäre er beinahe ins Aquarium gefallen. Doch der Ball verpasste ihm geschickt einen Stoß, sodass der schwerreiche Villenbesitzer noch rechtzeitig vor dem mit Wasser, Fischen und kleinen Fußbällen gefüllten Glaskasten zu Boden ging.

Er hatte sich ein paar Prellungen zugezogen.

Nichts Ernstes. Aber ein guter Anlass für eine Pause.

Alle vier lümmelten auf dem Teppich mit den Fußballszenen herum.

„Ist das geil, dass der Ball wieder da ist", sagte Winston und grinste.

„Das Glück ist das Einzige, was sich verdoppelt, wenn man es teilt", warf Salvatore lässig ein.

„Whow, wo hast du denn den Spruch her?", fragte Tom.

„Da staunt ihr, ihr Dünnbrettbohrer", gab Salvatore zurück, wobei er versuchte, möglichst gleichgültig zu schauen.

„Los, sag schon, wo hast du den Spruch her?", setzte Winston nach.

„Hängt bei uns über der Küchentür. Ist von einem Typ namens Schweitzer oder so. Ihr wisst doch, ich habe eine fromme Mutter", sagte Salvatore.

„Albert Schweitzer, der Urwalddoktor, der übrigens kein Schweizer ist", mischte sich jetzt Johann ein, der voll und ganz damit zufrieden war, den Ball in den Händen zu halten.

„Ich glaube, der Ball hat auch etwas zu sagen", meinte Johann, dessen Stimme plötzlich aufgeregt klang. „Schaut mal her."

Die Kinder sahen auf den Ball, der es sich in Johanns Schoß gemütlich gemacht hatte.

Auf dem Ball lag wieder der geheimnisvolle Nebel, der etwas Besonderes ankündigte.

Dann erschien: Tom, Mainz, Deutschland.

Danach stieg der Nebel erneut auf, als würden sich Worte auflösen. Die Buchstaben verwirbelten und sortierten sich neu.

Anna, Hammerö, Schweden.

Sven, Hammerö, Schweden.

Und dann: Salvatore, Agrigento, Sizilien.

Und nun: Bebeto, Sao Paulo, Brasilien

„Wahnsinn, ich glaube, er zählt auf, welche Kinder er besucht hat", sagte Tom. „Von Mainz ist der Ball nach Schweden zu dieser Anna und diesem Sven und dann zu dir, Salvatore."

„Und anschließend nach Brasilien", murmelte Salvatore unendlich fasziniert.

Auf dem Ball tauchten die nächsten Namen auf:

Jenny, La Jolla, Kalifornien.

Mucawe, Chilumba, Malawi.

Winston, London, England.

Dann leuchteten noch drei Namen auf der Lederhülle des Balles auf.

Kim, Seoul, Südkorea.

Shin, Seoul, Südkorea.

Shou, Seoul, Südkorea.

„Kalifornien ist in Amerika, aber wo liegt Malawi", fragte Tom, der als Erster die Sprache wiederfand.

„Das ist ein Land in Afrika", antworte Johann, der völlig von den Socken schien.

„Unglaublich", meinte Salvatore nur, dem ausnahmsweise mal kein cooler Spruch einfiel.

„Ist euch etwas aufgefallen?", fragte Johann in die Runde.

Die Kinder blickten ihn an. Wurde es jetzt etwa noch verrückter?

„Was soll uns aufgefallen sein?", fragte Tom.

„Es sind elf Namen auf dem Ball erschienen. Elf, das ist

genau eine Fußballmannschaft", meinte Johann bedeutungs-
voll.

Tom stieß einen Pfiff aus.

Jetzt nebelte sich der Ball erneut ein. Dabei hüpfte er auf
und ab, bis er plötzlich wieder ganz still dalag.

Wieder erschienen die Namen, nur irgendwie anders.

Jenny

Sven. Salvatore. Shin. Shou.

Kim. Bebeto. Mucawe. Winston.

Tom. Anna.

„Eine Mannschaftsaufstellung", durchbrach Tom die Stille.

„Der Ball hat uns eine Mannschaft zusammengestellt",
fügte Johann an. „Er ist um die Erde gereist, um diese Kinder zu finden."

„Das beste Team der Welt", kommentierte Salvatore.

„Und wir sind dabei", rief Tom.

„Wir sind dabei", riefen jetzt alle Kinder. „Wiiiir sind da-
beiiii."

Der Ball freute sich mit den Kindern. Er machte einen
riesigen Satz auf den Tisch mit dem Weltmeisterrasen unter
der Glasplatte und sprang darauf vergnügt auf und ab.

Nur Johann setzte sich auf einen seiner prächtigen Holz-
stühle und grübelte vor sich hin.

„Was haben Sie, ich meine, was hast du, Johann?", rief
Tom ihm zu.

„Mensch Johann, komm leg 'ne coole Sohle aufs Parkett",
neckte ihn Salvatore.

„Hört mir mal einen Moment zu", stieß Johann hervor.
„Ich hab eine Idee."

Winston und Salvatore beachteten ihn nicht. Sie tollten weiter ausgelassen herum.

„Hey ihr, nur einen Moment."

Keiner außer Tom hörte Johann zu – nicht mal der Ball, der gerade im Aquarium herumschwamm und die Fische aufscheuchte.

„Ich hole alle Kinder hier zu mir."

Jetzt war es auf einmal still. Nicht einmal der Ball rührte sich mehr.

„Der Ball hat eine Mannschaft zusammengestellt. Und ich bringe alle Kinder in die Schweiz."

„Wie willst du das hinkriegen?", fragte Winston Johann.

„Das dauert Jahre", fügte Tom an, „aber die Idee ist der Kracher."

„In 80 Tagen um die Welt, oder was?", legte Salvatore nach.

„Kinder, ich hab Geld wie Heu und, was noch besser ist, ein Privatflugzeug. Glaubt mir, ich bringe die Kinder hierher", sagte Johann. In seiner Stimme lag nicht ein Fünkchen Unsicherheit.

„Der meint das ernst", entfuhr es Winston.

„Aber wie willst du die Kinder finden? Bebeto, Sao Paulo, und Mucawe, Malawi, taugen kaum als Adresse", zweifelte Tom.

„Kinder, der Ball führt mich, nicht wahr?" Jetzt sah Johann den Ball an. Und der Ball machte einen großen Satz aus dem Aquarium und landete direkt vor seinen Füßen. Dann drehte er sich, um das Wasser abzuschütteln.

Johann ließ sich nicht irritieren.

Schließlich erschien ein Pfeil auf der Lederoberfläche des Balles. Der Pfeil wies zur Flügeltür.

„Seht ihr, der Ball wird mir helfen", sagte Johann, der zwar nasse Hosenbeine hatte, aber umherblickte, als wäre er gerade zum Kaiser von China ernannt worden.

„Ich will mit", schrie Tom.

„Ich auch. Ich auch", bestürmten Winston und Salvatore den alten Johann, dessen Wangen rosig leuchteten.

„Nein, nein, Kinder, das geht nicht. Ihr müsst erst einmal zurück zu euren Eltern, sonst bekommen wir einen riesigen Stress."

„O nein", riefen jetzt alle drei, „das ist gemein."

„Aber nötig", entgegnete Johann ungerührt, „ich sorge dafür, dass ihr Ausreißer ohne großen Ärger davonkommt. Und ich hole euch später wieder mit meinem Flieger ab. Versprochen."

„Das wäre irre", begeisterte sich Tom.

„Machst du das auch wirklich?", fragte Salvatore.

„So wahr dieser Ball das Beste ist, was mir je begegnet ist", antwortete Johann feierlich.

„Wer fliegt eigentlich?", fragte nun Winston.

„James natürlich", gab Johann zurück. „Er ist ein toller …"

„… Bruchpilot", fügte Salvatore an und alle mussten lachen.

Alle Kinder kommen nach Bern

„Deine Luftkutsche ist gar nicht so übel."

Salvatore lehnte sich mit demonstrativer Gleichgültigkeit in seinen gepolsterten Sitz zurück.

„Dir gefällt also mein kleines Spielzeug? Das ist eine Gulfstream", antwortete Johann schmunzelnd.

In wenigen Minuten würden sie in Bern landen. Die oberen Wolkenschichten hatten sie schon durchstoßen. Die Nase des Jets neigte sich leicht nach unten. Sinkflug.

In der Pilotenkanzel saßen Johann und Salvatore, der seine Abneigung gegen Fluggeräte aller Art überwunden hatte. Die Gulfstream war einfach zu super. Doch was gleich kommen sollte, war noch viel toller.

Johann hatte Wort gehalten und war um die ganze Welt gedüst. Der Multimillionär besuchte ein Kind nach dem anderen. Und mit seiner Überredungsgabe schaffte er es, die Eltern von seiner Idee zu überzeugen. Alle Kinder mussten einfach zusammenkommen, um sich kennenzulernen und in einer Mannschaft zu spielen.

Was für ein verrückter Plan.

Ohne den Ball hätte er ihn nie umsetzen können.

Der Zauberball hatte Johann und James zu allen Kindern geführt. Und die Kugel hatte so viel Gutes im Leben der Kinder verändert, dass selbst diejenigen Eltern, die zunächst noch misstrauisch waren, sich für die Idee begeistern ließen.

Natürlich hatte Johann auf ein paar Dinge Rücksicht nehmen müssen.

Anna wollte nicht nur Sven mitnehmen, sondern auch Opa Gustav. Also war Johann jetzt nicht mehr der Älteste im Club. Und der Schwede Gustav war zum ersten Mal in seinem Leben in ein Flugzeug gestiegen.

Das hatte er mit Mucawe gemeinsam. Der Junge war beinahe ausgerastet vor Freunde, als der Ball wieder bei ihm aufgetaucht war. Und das ganze Dorf bestaunte Johanns Düsenvogel. Mucawes Vater ließ seinen Sohn nur ziehen, weil er in dem Ball einen mächtigen afrikanischen Zauber vermutete. Außerdem hatte Johann ihm versprochen, dem Jungen bei der Rückreise eine supermoderne europäische Angel mitzugeben.

Kims Mutter in Seoul war sofort einverstanden. Eine kurze Anrufung ihrer Götter hatte ergeben, dass die Reise nach Bern unter einem guten Karma, also einer guten Energie, stehen würde.

Jenny, die mittlerweile eine kleine Berühmtheit in medizinischen Fachkreisen, aber auch im Tor war, musste ihre Eltern etwas länger bearbeiten. So eine weite Reise und dazu mit einem fremden alten Mann? Aber schließlich kannte Johann so viele Geschäftsleute und Fußballfunktionäre in Amerika, dass Jennys Eltern ihm am Ende vertrauten.

Bebeto hingegen war sofort mitgekommen. Für ihn war das nur die Fortsetzung eines wunderschönen Traumes, der mit dem Ball begonnen und ihn aus den Slums herausgeführt hatte. Der kleine Brasilianer war auf dem Weg, ein richtiger Star auf dem Rasen zu werden.

Johann konnte auch Salvatores Vater überreden, der immer noch Angst vor dem Ledergesellen hatte. Salvatores Mutter sprach schließlich ein Machtwort. „Basta. Der Junge fliegt."

Winston hatte indes überhaupt keine Probleme. Wenn einer die Mission des Balles verstand, dann war es Winstons Vater George.

Auch Toms Eltern hatten sich nicht quergestellt. Sie waren zwar außer sich vor Sorge gewesen, weil ihr Junge verschwunden war, und wollten von dem blöden Ball eigentlich nichts mehr hören. Aber als Johann leibhaftig in der Tür stand, den sie als Freund von Opa Norbert gekannt hatten, war die Wiedersehensfreude groß.

Tom zeigte ihnen den Brief, den er in der Kassette im Garten gefunden hatte. Schließlich stimmten sie der Reise nach Bern zu. Weniger, weil sie an die Magie des Balles glaubten. Sie sahen einfach, wie glücklich ihr Junge auf einmal wieder war.

„Und dass du mir nie mehr ausreißt", schärfte Toms Vater seinem Jungen ein.

„Lieber erzählst du uns so lange alle deine Sorgen, bis wir sie endlich verstanden haben. Und wenn es drei Nächte dauert", ergänzte Toms Mutter.

Dann stieg Tom in die Limousine, die sie zum Frankfurter Flughafen brachte.

Jetzt schwebten sie in Johanns privatem Luxus-Jet auf Bern zu. Alle anderen Kinder waren schon in der Villa. Die drei Freunde hatte Johann als Letzte abgeholt, während sich der treue James um die anderen kümmerte.

„Schnallt euch an, stellt die Sitze gerade, wir landen", sprach Johann in das kleine Bordmikrophon, mit dem er auch Winston und Tom im Passagierbereich erreichen konnte.

Salvatore überprüfte seinen Gurt, zog ihn stramm. Sogar den Ball schnallte er an, der in fröhlichen Farben vor sich hin leuchtete.

Es war Zeit für das große Treffen.

Zwei Stunden später ging es in Johanns großem Salon wie in einem Flughafenterminal zu. Ein Stimmengewirr aus vielen Sprachen lag in der Luft – koreanische Sprachfetzen, portugiesische Sätze, schwedische Worte, englische Redewendungen. Elf Kinder, von denen sich die meisten nicht kannten, versuchten, miteinander ins Gespräch zu kommen.

„Der Ball hat dir geholfen, dass du deinen Rollstuhl endlich zum Mond kicken konntest? Bravissimo", sagte Salvatore gerade zu Jenny. Der Sizilianer hatte Englisch in der Schule gelernt, wie die meisten Kinder.

„Und du bist wieder dünn geworden?", fragte Jenny zurück.

„Na klar, fühle mal mein Sixpack, kein Gramm Fett, alles Muskeln."

„Hey, ich bin Kim. Ich komme aus einem Land, das ungefähr auf der anderen Seite der Erde liegt", mischte sich der kleine Südkoreaner ein. „Und das sind Shin und Shou, meine besten Freunde."

„Cool", sagten Salvatore und Jenny.

„Kennt ihr eigentlich schon Anna?", fragte Kim in die Runde. „Sie ist stark wie ein Grizzlybär. Passt mal auf."

Shin und Shou rannten auf Anna zu, die mit ihren roten Zöpfen Pippi Langstrumpf zum Verwechseln ähnlich sah. Dann federten die beiden Südkoreaner vom Boden ab. Das Mädchen wirbelte sie in die Luft und drehte sie so, dass einer auf ihrer rechten und einer auf ihrer linken Schulter zum Stehen kam. Alle drei breiteten die Arme aus.

Die Kinder klatschten.

„Spitze. Irre. Damit könnt ihr im Zirkus auftreten."

Shin und Shou sprangen von Annas Schultern wieder auf den Boden.

„Noch einen Applaus für die wundervollen Könige der Lüfte, Shin und Shou", rief Anna mit getragenem Tonfall und machte eine elegante Verbeugung. Alle Kinder klatschten noch lauter.

Ein alter Mann trat nach vorne, warf seinen Hut in die Luft, der sich drei Mal überschlug und genau auf seinem Kopf landete.

„Und dieser Meister-Jongleur hier, das ist mein Opa Gustav", sagte Anna und lächelte.

„Und nun macht Platz für einen ganz besonderen Star in unsere Manage", forderte die Schwedin die Menge auf.

Die Kinder öffneten eine Gasse für einen Jungen, der mit einem Affenzahn auf Anna losstürmte. Bevor er das Mädchen erreichen konnte, sprang er mit einem gewaltigen Satz auf Anna zu. Anna katapultierte ihren Stiefbruder mit Wucht bis fast unter die Decke des Salons. Sven vollführte einen Salto und landete auf den ausgestreckten Armen seiner Stiefschwester – im Handstand. Den Kindern blieb Spucke weg. Dann erfüllte ein begeistertes Tosen den Salon.

„Ist es nicht Wahnsinn, dass wir uns alle hier treffen?",
sagte Tom zu Anna, die nicht einmal außer Atem war.

„Ja, ein echtes Wunder", pflichtete Winston bei.

„Du bist bestimmt Mucawe?" Die drei gingen auf den
Jungen aus Afrika zu.

„Ich komme aus Malawi, aus kleinem Dorf", sagte der
Afrikaner, der inzwischen ganz passabel Englisch sprach.
„Seit acht Wochen gehe ich zur Schule, mein Lehrer sagt,
lerne schnell", lachte Mucawe.

„Du lernst wirklich schnell", klopfte Tom ihm anerkennend auf die Schulter.

„Seht mal dahinten!"

Dort machte der Brasilianer Bebeto gerade in rasendem
Tempo 50 Liegestützen, während er den Ball mit dem Hinterkopf in der Luft hielt.

„46, 47, 48, 49, 50", die Kinder zählten laut mit.

Dann überschütten sie ihn geradezu mit Beifall.

„Thank you. Danke", sagte der Brasilianer. Es waren die
einzigen Worte, die er auf Englisch und auf Deutsch konnte.
Ansonsten sprach er nur Portugiesisch.

„Wenn meine Vicky das miterleben dürfte", entfuhr es
Opa Gustav, der schon wieder an seine Frau im Himmel
von Lappland dachte.

Butler James musste sich mal wieder festhalten. Die akro-
batischen Darbietungen Bebetos hatten ihn erneut an den
Rand einer Ohnmacht gebracht.

„Hier geht es schon lange nicht mehr mit rechten Dingen
zu", stammelte er. Ihm schwirrte der Kopf.

Jetzt hatte der Ball seinen Auftritt. Sich rasend schnell

drehend, machte er einen mächtigen Sprung mitten zwischen die Kinder, hüpfte in wildem Stakkato auf und ab. Nach und nach sprang er allen Kindern gegen die Brust, als wolle er ihnen etwas mitteilen, sie irgendwo hindirigieren. Die Kinder verstanden, was er wollte. Sie bildeten einen Sitzkreis – mit dem Ball in der Mitte.

Der Ball leuchtete, sprühte geradezu. Dann geschah etwas Merkwürdiges. Er rollte auf Salvatore zu.

Auf dem Ball erschienen zwei Sätze, doch nicht nur in Deutsch, auch in Englisch, Portugiesisch, Chichewa, Koreanisch, Schwedisch und Italienisch.

„Das ist Salvatore. Er hat sich toll in Form gebracht und einen Schuss wie ein Pferd."

Dann sprang der Ball auf und ab. Die Kinder verstanden.

Ihr ungläubiges Staunen löste sich in Applaus auf. Sie klatschten begeistert. Der Beifall ebbte erst ab, als der Ball zu Anna rollte.

Wieder erschienen zwei Sätze in verschiedenen Sprachen, sodass sie alle Kinder und Erwachsene in ihrer jeweiligen Muttersprache verstehen konnten. „Das ist Anna. Sie ist bärenstark."

Wieder brach Jubel los. Der Ball rollte zu Sven.

Jetzt war auf dem Ball zu lesen. „Das ist Annas Stiefbruder Sven. Er ist ein toller Kerl."

Der Ball lief zu Kim. „Das ist Kim. Er hat eine Räuberbande besiegt."

Wieder klatschten die Kinder. Kim grinste stolz in die Runde.

Inzwischen hatte der Ball sich zwischen Shin und Shou

platziert. „Das sind Shin und Shou. Sie sind die besten Freunde, die man nur haben kann."

Alle Kinder trampelten euphorisch mit den Füßen auf den Boden. Der Ball hopste fröhlich mit – direkt zu Jenny. „Das ist Jenny. Sie hält im Tor jeden Ball."

Jenny stand auf und umarmte den Ball. Jetzt sprangen alle auf und machten die La-Ola-Welle.

Der Ball kam bei Mucawe an. „Das ist Mucawe. Er ist blitzgescheit."

Die Kugel kullerte zu Bebeto. „Das ist Bebeto. Er ist ein echter Ballkünstler."

Als Nächstes machte der Ball bei Winston Station. „Das ist Winston. Er hat endlich seinen Papa wieder."

Wieder lief die La-Ola-Welle.

Schließlich kam der Ball bei Tom an. „Und das ist Tom. In ihm steckt ein fantastischer Fußballer."

Erneut klatschten alle Kinder hingerissen. Nur Tom schaute etwas betreten in die Runde.

„Wenn ich das bloß glauben könnte", zweifelte Tom. „Ich würde so gerne richtig toll in einer Mannschaft spielen können, sooo gern", murmelte er halblaut.

Dann spürte er die Hand von dem alten Johann auf seiner Schulter.

„Das wird schon, Tom", sagte er. „Ich bin ein super Trainer. Dich mache ich fit."

Tom sah den alten Mann skeptisch an.

„Warte mal ab, was ich zu sagen habe", zwinkerte er dem Jungen zu. „Das wird eine riesige Sensation."

Jetzt ging Johann in die Mitte des Kreises mit federnden

Schritten, als wäre er 30 Jahre jünger. „Liebe Kinder. Ich habe eine Überraschung für euch."

Alle Augen richteten sich auf Johann.

„Ich bin mir sicher, der Ball hat die beste Mannschaft der Welt zusammengestellt."

Alle Kinder jubelten.

„Und ich bin sicher. Ihr könnt jedes Team schlagen."

Der Jubel wurde noch lauter.

„In gut einer Woche beginnt die Kinder-Weltmeisterschaft in Deutschland. Und deshalb habe ich mir etwas ganz Besonders für euch ausgedacht ..."

Jetzt machte Johann eine bedeutungsschwere Pause.

„Ich habe mir ausgedacht", wiederholte er, „dass ihr in Mainz, das liegt ganz in der Nähe ..."

„Was denn nun, Butter bei die Fische", rief Salvatore dazwischen, der die Spannung nicht mehr aushalten konnte.

„Nur die Ruhe. Also, ... ihr alle ... werdet, bevor die Weltmeisterschaft beginnt, ein besonderes Spiel in einem echten Stadion machen. Und zwar ... gegen den ... amtierenden Weltmeister Brasilien."

Jetzt brach die Hölle los. Alle Kinder sprangen durcheinander, umarmten sich, umarmten Johann, tanzten, lachten, schrien herum.

„Wir werden Weltmeister. Wir werden Weltmeister."

Selbst Tom hatte seine Zweifel für einen Moment vergessen.

Bebeto schwang sich am Kronleuchter hin und her. Anna jonglierte mit zwei Eichenstühlen. Selbst der steife James tippte mit dem Zeigefinger der rechten Hand in die geöffnete Handfläche der Linken. Das sollte wohl so was wie Beifall oder gar Heiterkeit sein.

Der Ball machte Riesensprünge vor Begeisterung quer durch den Saal. Auch auf ihm leuchtete in allen Sprachen der Satz: „Wir werden Weltmeister. Wir werden Weltmeister."

„Hallo Kinder, eine Sache noch. Eine Sache noch", verschaffte sich Johann Gehör.

Die Kinder sahen gespannt zu ihm hin.

„Damit wir die Brasilianer auch wirklich besiegen, machen wir hier bei mir im Park eine Woche Trainingslager. Es wäre mir eine Ehre, euch fit zu machen. Und dann holen wir den Pott. Wollt ihr das?"

Die Kinder brüllten so laut Jaaaaaaa, Jaaaaaaa, Jaaaaaaa, dass die Gläser in den Schränken klirrten.

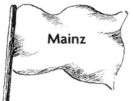

Das große Finale in Mainz

Tom platzte fast vor Aufregung. Schon seit zwei Stunden tigerte er in der Umkleidekabine auf und ab. Der nette Platzwart hatte ihn hereingelassen, lange vor dem Rest der Mannschaft. Er sah sich all die Poster seiner Stars an. Beim Anblick dieser Ausnahmekicker erfasste ihn wieder dieses unsägliche Gefühl, gleich im Spiel ohne den Zauberball gänzlich aufgeschmissen zu sein. Johann hatte ihm mindes-

246

tens zehn Mal erklärt, dass der Zauberball selbstverständlich nicht zum Einsatz kommen würde. Und das im Match seines Lebens. Gegen den amtierenden Kinder-Weltmeister Brasilien.

Und draußen würden Julian und all die andern Jungs sitzen, die ihn als Spinner verspottet hatten.

„Abrakadabra."

„Tom Potter mit dem Zauberball."

Tom hatte die dummen Sprüche nicht vergessen. Nervös lief er auf der Stelle, das Klacken der Stollen hallte durch die Räume.

„In den Umkleidetrakt würde mein Stadion auf dem Speicher mindestens 14 Mal hineinpassen, so groß ist hier alles", versuchte er sich abzulenken. Dann richtete er sich die Schienbeinschoner und zog sich zum hundertsten Mal die Stutzen hoch. Tom schwitzte.

„Ich vergeige das Spiel ohne den Zauberball", dachte er verzweifelt.

Dabei war es in der Trainingswoche in der Schweiz ganz gut gelaufen. Er hatte passabel gespielt.

Und ab und zu waren ihm sogar ein paar richtig geniale Bälle gelungen.

„Dabei haben wir auch öfter ohne den Zauberball trainiert", machte er sich Mut.

Mit dem alten Johann als Trainer und Opa Gustav in der Funktion des Co-Trainers hatten sie sieben tolle Tage verlebt. Tom hatte sich von Tag zu Tag zuversichtlicher gefühlt. Doch jetzt schüttelte ihn eine Angstattacke nach der anderen.

„Ich kann nichts dagegen machen. Sobald viele Zu-

schauer da sind, spiele ich, als hätte man mir die Beine zu-
sammengebunden", haderte er.

Toms altes Problem. Er setzte sich auf die Bank, schlug
die Hände vors Gesicht, zornig und unglücklich.

„Ich will nicht immer von der Zauberkugel abhängig
sein. Ich will es alleine schaffen", flüsterte er.

Deswegen hatte er seinen ständigen Begleiter heute Morgen bei den anderen gelassen.

„Ach, hätte ich ihn doch nur mitgenommen. Ihn dazu-
lassen, war keine gute Idee", dachte Tom.

In seiner Fantasie sah er sich jeden Ball in die Publikums-
ränge schlagen und so ungeschickt über den Rasen schlittern,
als müsse er mit Badelatschen spielen.

Wumm. Wumm. Wumm.

Draußen schlugen die Türen. Er hörte die Stimmen der
anderen. Seine Mannschaft kam. Und bevor er sich versehen
hatte, schoss ihm etwas braunes Rundes in die Arme: der
Ball. Der Junge musste lachen.

„Danke", sagte er. „Du kannst offenbar Gedanken lesen."

Mit einem Mal war jeglicher Frust von ihm gewichen.
Jetzt war sein Freund an seiner Seite. Dann fiel ihm ein,
dass sie ja gar nicht mit ihm kicken durften.

„So ein Mist aber auch!", schimpfte Tom.

Da erschien auch schon Jenny im Türrahmen.

„Hey, mit mich in Tor hauen wir das Kerle in die Boden,
yesss!", scherzte Jenny.

„Dein Deutsch ist einfach eine Wucht", gab Tom zurück.

Mucawe, der heute im Mittelfeld spielen würde, sah
Jenny an und musste laut losprusten. Ein Mädchen im Tor-

warttrikot, Fußballschuhen und riesen Torwarthandschuhen waren auch nach einer Woche Trainingslager noch zu viel für den kleinen Afrikaner. Ansonsten war das Team überragend drauf. Alle Kinder schienen, obwohl sie auf verschiedenen Kontinenten lebten, die gleiche Sprache zu sprechen.

„Fußball versteht eben jeder", grinste Mucawe glücklich in sich hinein.

Shin, Kim und Shou, die Südkoreaner, gesellten sich zu den anderen. Sie plapperten durcheinander. An den zwei Brüdern in der Abwehr kam keiner vorbei, da war sich Tom sicher. Und Kim war ein erstaunlich geschickter Passgeber im Mittelfeld. Ergänzt wurde die Vierer-Abwehrkette durch Sven, dem Bruder von Anna aus Schweden, die sich für heute vorgenommen hatte, ihrem Ruf als Super-Stürmertalent alle Ehre zu machen.

„Zum Glück haben wir einen echten Brasilianer als hängende Spitze", dachte Tom. Bebeto war der offensivste der vier Mittelfeldspieler. Er war jede Sekunde brandgefährlich, wenn er auch nur annähernd in die Nähe des gegnerischen Strafraums kam. Tom sah sich Bebeto genauer an und hätte eine Menge dafür gegeben, so zuversichtlich und relaxed in die Runde schauen zu können.

„Hey, Tom", hörte er Salvatore rufen. „Und wehe, du verwandelst meine genialen Pässe nicht. Ich will ein Tor sehen", schrie er mit Nachdruck.

„Na, herzlichen Glückwunsch", dachte Tom. „Wenn die wüssten, mit was für ’ner Niete sie es in Wirklichkeit zu tun haben."

Doch keiner der Jungs und Mädels schien etwas von seinem inneren Zwiespalt mitzubekommen.

Plötzlich wurde es schlagartig still in der Umkleide. Die Fans skandierten: „You'll never walk alone …" Jetzt waren es nur noch wenige Sekunden bis zum Einlaufen der Teams.

Die Kinder bildeten einen Kreis, fassten sich an den Händen und schrien in ihrer jeweiligen Landessprache so laut sie konnten: „Sieger, Sieger, Sieger!"

Und: „Wir schlagen den Weltmeister."

Schon der Einlauf ins Stadion war eine Wucht. Die Ränge waren bis auf den letzten Platz gefüllt. Tosender Jubel empfing die beiden Mannschaften. Tom hatte Gänsehaut. Er konnte es nicht glauben, dass so viele Menschen gekommen waren. Er zwickte sich in den Oberarm und dann in die Wange. Aber das war kein Traum. Auch das große Transparent nicht, das auf der Gegentribüne zu sehen war.

„Tom, wir glauben an dich", stand da in riesigen Lettern zu lesen. „Deine Klasse 6b."

Die Geschichte mit der Kindermannschaft aus aller Welt hatte in vielen Zeitungen gestanden. Allein das schon hatte auch die, die Tom sonst nur verspotteten, tief beeindruckt. Sie wollten jedenfalls auf der richtigen Seite stehen, falls Tom ein Star werden würde. Deshalb hatten ein paar von Toms Klassenkameraden das Transparent gemalt. Vielleicht auch, weil sie sich ein bisschen für ihr Verhalten schämten.

„Die schneiden mich ganz schnell wieder, wenn ich Mist spiele", dachte Tom.

Er winkte seinen Kassenkameraden nur kurz zu. Sogar Julian, Toms Erzfeind, war im Stadion.

Dann sah er seine Eltern. Sie schwenkten eine Fahne, auf die sie „Tom, wir lieben dich" gepinselt hatten.

Tom reckte den Daumen nach oben. Irgendwo sah er ein Plakat in italienischen Farben. Eine kräftige Frau wedelte damit wie wild herum. Salvatores Mutter.

Ein paar Reihen weiter saß ein Mann, der äußerlich völlig beherrscht wirkte. Jedenfalls sah das vom Rasen aus so aus.

„Da ist mein Vater. Ist das nicht spitze?", rief Winston Tom glücklich zu. Der britische Minister hatte ein paar Termine sausen lassen, um seinen Sohn spielen zu sehen.

„Und weißt du, wer neben ihm sitzt?"

Tom zuckte die Schultern. Neben dem Mann in dem feinen grauen Anzug saß ein bunt bemalter Clown, der Luftballons, auf denen Winston und Mucawe stand, fliegen ließ.

„Das ist Masambo, der Krieger aus Afrika, von dem ich euch erzählt habe", sagte Winston zu Tom.

„Der aus unser Dorf", freute sich Mucawe, während die Ballons in den Mainzer Himmel stiegen.

Doch Tom hörte das alles schon nicht mehr richtig. Johann hatte darauf bestanden, dass er die Kapitänsbinde trug. Jetzt ging er zum Mittelkreis, wo ihn die Schiedsrichter schon erwarteten.

Eine Münze wurde geworfen. Seine Mannschaft hatte Anstoß. Sie spielten von links nach rechts.

Der Anpfiff ertönte. Los ging's.

Tom passte den Ball auf Winston, dieser umdribbelte den Mittelfeldspieler des Gegners, gab weiter an Salvatore, der über den rechten Flügel aufgerückt war. Tom hatte sich von seinem Manndecker befreit, er stand vor dem gegnerischen Tor, bereit, die hereinkommende Flanke mit dem Kopf binnen Sekunden im Netz zu versenken.

Aber dann kam alles anders. Tom sprang vom Rasen ab, schraubte sich in die Höhe und verfolgte gleichzeitig die Flugbahn des Balles mit den Augen.

Dann nahm er das Raunen des Publikums wahr. Sah all die Menschen, die Gesichter, die Augen. Tom verfehlte den Ball und fiel wie ein nasser Sack zu Boden. Sein Gegenspieler hatte ihn nicht mal angetippt.

Einer der brasilianischen Innenverteidiger nahm das Geschenk gerne an. Er peitschte den Ball nach vorne. Und deutete anschließend eine kleine Verbeugung in Richtung Tom an, der immer noch auf dem Boden lag und sich nicht rührte.

Sollte wohl heißen: „Vielen Dank, Kumpel, vielleicht bist du ein bisschen zu früh aus dem Trainingslager gekommen?"

Das Publikum johlte.

„Das ist die peinlichste Nummer meines Lebens", durchfuhr es Tom siedend heiß.

Der Junge wäre am liebsten im Boden versunken. Zum Grübeln blieb ihm keine Zeit. Die Brasilianer gingen blitzschnell zu einem Konter über. Sie kombinierten so präzise wie ein Schweizer Uhrwerk.

Doch Shin und Shou, die beiden Innenverteidiger, schalteten sofort um. Damit hatten die Brasilianer nicht gerechnet. Noch bevor der Mittelstürmer der Gegner den Sechzehner erreicht hatte, waren die beiden schon wieder zurück und attackierten den vordersten Angreifer. Für Jenny war es nun ein Kinderspiel, den Ball zu parieren.

Jetzt waren die Brasilianer gewarnt. Ganz so leicht würde das Spiel nicht werden.

Tom war inzwischen bis zur Mittellinie zurückgekommen. Seine Mannschaft stand mit Absicht so tief. So konnten sie die Räume in ihrer Hälfte früher zumachen und ihn mit langen Pässen versorgen.

Das hatten sie mit Johann und Opa Gustav bis zum Erbrechen eingeübt: langer Pass auf Tom, Flanke in den Strafraum auf den nachgerückten Bebeto oder auf Anna und bumm.

Volleyannahme und ab damit in den Kasten. So jedenfalls war die Theorie.

Doch leider hatten sie nicht nur gegen einen ausgebufften Gegner zu kämpfen, sie spielten auch nur noch zu zehnt. Tom stand zwar körperlich auf dem Platz, doch seine Gedanken kreisten ausschließlich um das Publikum. Er stand im wahrsten Sinne des Wortes neben sich. Er beobachtete sich mit den Augen der Fans. Und die schienen ihn zu durchbohren.

Jeder Fehlpass wog auf einmal 8000 Mal schwerer als jeder noch so kampfbetonte und gewonnene Zweikampf. Tom fühlte sich wie ein Roboter ohne Strom. Seinen Bewegungen fehlte Kraft und Entschlossenheit.

Die Brasilianer nutzen die Schwäche und zauberten wie die Weltmeister. Doppelpass im Mittelfeld, dann zog der Rechtsaußen das Feld auseinander. Salvatore grätschte daneben. Der Zuckerpass landete auf dem Kopf des Mittelstürmers. Und selbst eine Glanzparade von Jenny konnte nicht verhindern, dass die Kugel im Netz zappelte.

1 : 0 für den Favoriten.

Und so ging es munter weiter.

Sven kratzte in höchster Not einen Ball von der Linie, weil Jenny einen Ball nicht richtig zu fassen bekam.

Mucawe brachte nur wenig später den brasilianischen Mittelstürmer im Strafraum zu Fall.

Elfmeter.

Jenny ahnte die Ecke. Aber der Ball schlug so hart flach ins linke untere Eck, dass sie keine Abwehrchance hatte.

Wenn es überhaupt brauchbare Gegenangriffe gab, dann liefen sie über Bebeto und Anna.

Die kleine Schwedin semmelte einen Ball gegen den rechten Pfosten. Und Bebeto hätte beinahe eingenetzt, wenn der brasilianische Keeper den Ball nicht in letzter Not mit den Fingerspitzen ins Aus gespitzelt hätte.

Tom stand einfach nur im Weg. Er kam an keinen Ball mehr. Opa Gustav hätte vermutlich besser gespielt. Oder der Winzige aus dem Mainzer Volkspark. Was für ein Fiasko.

Mit hängenden Schultern und einem null zu zwei im Gepäck trottete er nach 35 Minuten zur Halbzeitpause in die Kabine. Er traute sich nicht, zu den Zuschauerrängen zu schauen. Dort wurde wahrscheinlich schon wieder das erste „Tom Potter"-Transparent in die Luft gehalten. Vermutlich von Julian.

Tom wünschte sich in seine geheime Stadt zurück. In

sein Brasilianer-Zimmer. So gut wie die braunen Ballzauberer würde er nie werden. Nie.

Der Junge versuchte, sich direkt auf die Toilette zu verdrücken, um den enttäuschten Gesichtern seiner Mitspieler zu entgehen. Er zerfloss in Selbstmitleid.

Doch Salvatore und Winston fingen ihn vor der Türe ab. „Hey, hiergeblieben."

„Ihr braucht mich nicht zu trösten", sagte Tom schüchtern.

„Trösten?", schrie ihn Salvatore an: „Du tickst wohl nicht mehr ganz sauber!"

Winston war ebenfalls stinksauer: „Du hast wohl nicht mehr alle Latten am Zaun. Hör endlich auf, die ganze Zeit an die Zuschauer und an den Zauberball zu denken. Denk lieber mal an uns und an das, was wir gemeinsam erreichen wollen. Wir haben eine Woche überragend trainiert, sind super in Form und eingespielt. Und du Weichei nimmst dir alles Selbstvertrauen, nur weil du denkst, du könntest keine drei Pässe ohne den Zauberball spielen und müsstest so gut sein wie einst Pelé oder Maradona, damit die Zuschauer dich nicht mit faulen Eiern bewerfen."

Jetzt mischte sich Salvatore ein: „Ich finde Cannavaro auch sensationell. Aber ich bin erst zwölf und erwarte natürlich nicht von mir, heute schon so gut zu sein wie er. Weil das nämlich – verflixt noch mal – gar nicht geht. Und das gilt auch für dich. Du bist Tom, Tom Becker, unser bester Freund. Und musst dich nicht vorm Publikum schämen, weil die Allermeisten nämlich nur halb so viel draufhaben wie du."

„Glaub mir, du bist ein klasse Kicker. Wir haben dich oft genug beobachtet, wenn du dachtest, dir sieht keiner zu", ergänzte Winston.

„Es wäre supernett von dir, wenn du dein Talent nicht länger für dich behalten würdest. Denn wir brauchen dich gegen diesen brutal harten Gegner. Also geh jetzt mit uns da raus und kämpfe nicht mehr mit dir, sondern gemeinsam mit uns um den Sieg! Wusstest du schon: Fußball macht Spaß und besonders viel Spaß mit elf Freunden in so einem geilen Stadion. Genieße es und du wirst sehen, es funktioniert – auch ohne Zauberball. Ich habe fertig!"

„Und jetzt mach Platz, ich muss aufs Klo", sagte Salvatore.

Auch Winston ließ Tom einfach stehen und ging zurück zu seinen Mitspielern. So hatten seine Freunde noch nie mit ihm gesprochen. Das saß.

„Aber sie haben recht", dachte Tom.

Was sie sagten, stimmte tatsächlich. Immer wenn er vor Publikum spielte, dachte er, dass alle von ihm erwarteten, so gut zu sein wie die großen Fußballstars dieser Welt. Und im Vergleich mit ihnen konnte er nur verlieren. Er musste sich ja geradezu wie ein Stümper vorkommen.

„Winston und Salvatore haben gesagt, dass ich ein klasse Kicker bin. Ich muss es nur glauben", sprach er vor sich hin.

„Jetzt muss mein Hirn diese Info nur noch an meine Beine weitergeben", dachte Tom.

Da gesellte sich Johann, sein Trainer, zu ihm.

„Wie fühlst du dich, mein Freund?", fragte Johann.

„Na ja, geht so", antwortete Tom.

„Ich bin mit meinem Spiel einfach nicht zufrieden. Ich mach so viele Fehler", sagte Tom zerknirscht.

„Okay", sprach Johann weiter. „Dann sag ich dir jetzt einfach mal etwas, was du vielleicht noch nie gehört hast: Fußball spielen ohne Fehler geht nicht. Das perfekte Fußballspiel, in dem niemand einen Fehler macht, hat noch nie stattgefunden und wird wahrscheinlich auch niemals stattfinden. Die Kunst ist es aber, sich von den Fehlern nicht runterziehen zu lassen, sondern in der nächsten Situation die Chance zu sehen, alles besser zu machen."

Johann holte tief Luft.

Tom nutzte die Sprechpause und verteidigte sich: „Ich weiß das ja alles. Und ich kann das ja auch, aber eben nur mit dem Zauberball."

„Papperlapapp", fiel ihm Johann ins Wort: „Du scheinst da was gründlich missverstanden zu haben. Ich erzähl dir dazu eine kurze Geschichte aus meiner Jugend. Ist zwar schon 'ne ganze Weile her, aber ich kann mich noch gut daran erinnern. Hör zu: Als ich so alt war wie du, bekam ich von meinen Eltern meine ersten Fußballschuhe geschenkt. Sie waren zwar nicht neu, aber es waren meine ersten eigenen Fußballschuhe. Die ersten paar Tage wollte ich sie überhaupt nicht anziehen, sondern nur anschauen. Aber irgendwann dachte ich mir, Fußballschuhe, mit denen nicht gespielt wird? Wie komisch ist das denn? Ich zog sie also an und spielte ungefähr zehn Klassen besser als barfuß. Ich fühlte mich unschlagbar. Ich konnte genauer passen, präziser flanken und fester schießen. Das mussten Wunderschuhe sein, da war ich mir hundertprozentig sicher. Doch wie man ja unschwer sieht, wurde auch ich älter und damit meine Füße größer. Ich spürte förmlich, wie meine Schuhe immer enger wurden. Ich hatte höllische Angst vor dem Tag, an dem sie mir nicht mehr passen würden. Aber der Tag kam natürlich. Mit blutigen Zehen lässt sich nicht gut spielen."

Tom hörte gebannt zu.

„Aber was ich dir damit sagen will", fuhr Johann fort. „Tagelang habe ich mich gequält, bis meine Mutter dem Ganzen ein Ende bereitete, sie warf die Schuhe kurzerhand weg und gab mir die alten von meinem großen Bruder. Und zu meiner und möglicherweise auch zu deiner Überraschung konnte ich in diesen Schuhen genauso gut spielen wie in meinen alten, als diese noch gepasst hatten. Was sagt uns das, mein Freund?"

Tom zuckte mit den Schultern.

„Nicht der Schuh entscheidet", sagte Johann. „Sondern der Fuß, besser noch der Kerl, der darinsteckt. Und jetzt zu dir: Nicht der Ball ist entscheidend, sondern ausschließlich der Spieler, der ihn schießt."

„Willst du damit sagen", fragte Tom, „ich brauch den Wunderball gar nicht? Aber der Ball ist doch mein Freund!"

„Jeder Ball ist dein Freund", entgegnete Johann mit Nachdruck. „Und wenn ich jeder sage, dann meine ich auch jeder. Also auch der, mit dem wir heute spielen. Und jetzt, mein Junge, geh da raus und zeig, was für ein super Kerl in deinem Trikot steckt."

Auf dem Weg nach draußen rollte der Ball auf Tom zu und sprang ihm in den Arm. „Hallo mein Freund, jetzt muss ich es wohl ohne dich schaffen."

Da plötzlich erwärmte sich die Zauberkugel. Blauer Dampf entwich aus allen Nähten. Auf dem Ball erschien die Neun.

Tom verstand sofort. Die Nummer, die sein Opa Norbert immer getragen hatte. Auch er war ohne den Ball zu einem hervorragenden Kicker geworden.

„Danke, Ball", presste Tom heraus, als die Kugel wieder zum Spielfeldrand rollte. „Danke."

Dann stürmte Tom mit den anderen auf den Platz. Die Brasilianer grinsten siegessicher. Fast schon überheblich blickten sie auf ihre Gegner herab. „Euch haben wir im Sack", schienen sie zu sagen.

Nun hatten sie Anstoß. Sie starteten sofort einen schnellen Angriff über links. Doch bei Sven war Endstation. Er schnappte sich die Kugel, umkurvte zwei Angreifer und passte auf Tom. Tom verlängerte auf Anna. Das kleine Mädchen brach wie ein Rammbock mitten durch die gegnerische Abwehr. Dann zog sie einen ihrer gefürchteten Gewaltschüsse ab. Der gegnerische Torwart erwischte den Ball zwar noch, aber er wurde mit der Kugel in die Maschen geschleudert.

„Tooooor. Tooor", jubelte Anna. Bebeto, Tom und all die anderen warfen sich auf sie. Selbst Jenny kam aus ihrem Tor gerannt.

Binnen Sekunden lag ein riesiges Menschenknäuel jubelnder Kinder auf dem Rasen.

2 : 1.

Jetzt brach die Hölle los. Das Stadion tobte. Als sie zum Mittelkreis gingen, stellte einer der Brasilianer Tom unauffällig ein Bein. Tom stolperte und fiel hin.

„Gut, dass du auch mitspielst", zischte der Brasilianer zu dem am Boden liegenden Tom. „So können wir gar nicht verlieren."

„Was für ein stinkiger Mistsack", dachte Tom und ballte die Fäuste. „Dem werde ich es zeigen!"

Kurz nach dem Anstoß jagte er dem brasilianischen Mittelstürmer den Ball ab. Tom zog an zwei Mittelfeldspielern vorbei und spielte einen Flugball auf den aufgerückten Winston. Der stoppte den Ball mit der Brust und hob ihn über seinen Gegenspieler in den Lauf von Tom. Noch bevor der Ball den Boden berührte, drosch Tom den Ball volley in Richtung Tor. Sein ganzer Zorn steckte in diesem mächtigen Schuss. Die gegnerischen Abwehrspieler waren hilflos, aber der Tormann ahnte die Ecke, reckte und streckte sich. Doch Toms Schuss war zu genau platziert. Die Kugel krachte in den Winkel.

„Toooor. Tooor. Tooor", schrie Tom außer sich vor Freude. Es stand 2:2.

Alle fielen über ihn her. Tom war niemals so glücklich gewesen.

„Klasse gemacht, Junge. Das waren mindestens 25 Meter", rief ihm Winston zu.

„Quatsch, das waren mindestens 30", mischte sich Anna ein.

„Leute, nicht gleich übertreiben. Auch ein blindes Huhn findet mal ein Korn", scherzte Salvatore. Aber Tom sah an seinen lachenden Augen, wie sehr sich sein Freund mit ihm freute.

Das Stadion drehte durch. Die ersten Sprechchöre skandierten „T.O.M. Tom. T.O.M. Tom"

Der Junge fühlte sich einfach gigantisch. Und es sollte noch besser kommen. Denn die Brasilianer kamen nun komplett aus dem Tritt. Ihre Pässe fanden kaum noch einen Abnehmer. Sie verloren die meisten Zweikämpfe.

Nach einer Weile überließen sie das Mittelfeld fast kampflos dem Gegner. Sie igelten sich hinten ein und spielten lange Bälle in die Spitze, die Shin, Shou, Salvatore und Sven meist mühelos abfangen konnten.

Nur einmal gelang es dem gegnerischen Mittelstürmer, mit ein paar unglaublichen Körpertäuschungen die Abwehr zu foppen, und plötzlich stand er allein vor Jenny, die aus dem Tor gelaufen kam, um den Winkel zu verkürzen.

Der Stürmer scheiterte an seiner Arroganz. Denn er versuchte, Jenny mit einem Heber zu überwinden. Aber die Amerikanerin ahnte die Finte, ließ sich nicht fallen, sondern streckte sich und pflückte den Ball ganz lässig herunter.

Der Stürmer trabte frustriert zurück in die eigene Hälfte.

Dafür trumpfte „Johanns Team", wie sie sich nannten, jetzt erst richtig auf.

Das Mittelfeld drängte die Brasilianer immer weiter zurück. Bebeto rückte in die Spitze auf. Anna band mit ihrer Kraft und Wendigkeit gleich zwei Abwehrspieler. Selbst Salvatore kam ab und zu mit nach vorne.

Die meiste Gefahr aber ging von Tom aus, der seine Gegner reihenweise austanzte.

Nachdem einige Angriffe am Abwehrriegel der Brasilianer abgeprallt waren, stürmte Salvatore über rechts. Pass zu Bebeto. Der ließ zwei Gegner aussteigen und flankte zu

Anna in den Strafraum. Sie sah Tom und köpfte ihm den Ball zu. Tom hatte freie Schussbahn.

Zog ab.

Der Ball knallte unter die Latte und war drin.

„Toooor. Toor. Tooor.“

Alle wollten sich auf den zweifachen Torschützen stürzen.

Doch aus den Augenwinkeln sah Tom, wie Johann am Spielfeldrand wild mit den Armen gestikulierte.

Der Junge lief zu seinem Trainer, während die Spieler allein weiterjubelten.

„Was ist Johann?“, fragte Tom. „Freust du dich nicht?“

Johann zog ihn zu sich und flüsterte ihm zu. „Hey Tom, es war abseits.“

„Wie abseits? Abseits ist, wenn der Schiri pfeift“, antwortete Tom irritiert.

„Außer, man hat es besser gesehen. Und ich hab's gesehen. Du hast eindeutig im Abseits gestanden.“

„Und nun?“, fragte Tom verunsichert.

„Du wirst es schon wissen“, sagte Johann und klopfte ihm dabei auf die Schulter.

Tom überlegte kurz. Dann fasste er einen Entschluss. Tom rannte zum Schiedsrichter. Er wollte nicht auf diese Weise gewinnen.

„Herr Schiedsrichter, das Tor war abseits. Ich stand im Abseits.“

„Bist du sicher, Junge?“

„Ja, bin ich. Mein Trainer hat es ganz genau gesehen.“

Er deutete in Richtung Johann.

Der Schiedsrichter winkte seinen Linienrichter herbei. Beide liefen sie zu Johann, um sich zu beraten.

„Was ist Tom?", fragte Anna. Inzwischen hatte die Mannschaft bemerkt, dass etwas nicht stimmte.

„Das Tor zählt nicht, es war abseits."

„Aber ich habe keinen Pfiff gehört", mokierte sich Kim.

„Johann hat's gesehen. Und ich hab's dem Schiedsrichter gesagt."

„So was Blödes aber auch." Kim schüttelte den Kopf.

„Wir gewinnen auch so", sagte Tom selbstbewusst.

„Na logo gewinnen wir auch so. Und Freunde der Südsee, 'nem geschenkten Gaul hauen wir voll aufs Maul. Auf geht's", gab Salvatore zum Besten und machte sich wiehernd davon.

Inzwischen hatten der Schiedsrichter, Johann und der Linienrichter ihr Palaver am Spielfeldrand beendet.

Der Unparteiische deutete zum gegnerischen Tor. Abstoß. Das Tor zählte nicht.

Die Zuschauer waren irritiert, nicht alle hatten die Abseitsstellung von Tom mitbekommen, dafür aber die erregten Diskussionen am Spielfeldrand. Normalerweise hätte es an dieser Stelle ein gellendes Pfeifkonzert gegeben. Aber da sich weder Tom noch der Rest der Mannschaft beschwerten, blieb das Publikum ruhig.

Winston stellte sich neben Tom.

„Los, Leute, auf in den Kampf. Wir gewinnen auch so", feuerte er seine Truppe an.

„Wir gewinnen auch so", brüllten jetzt alle.

Nun rollte die Angriffsmaschine erst richtig los. Den Brasilianern verging Hören und Sehen.

Mitte der zweiten Halbzeit war es dann endlich so weit. Auf der rechten Seite war der Ball ins Aus gerollt. Einwurf Salvatore. Dieser warf den Ball zu Mucawe. Mucawe ließ den Ball zurück zu Salvatore prallen. Der steckte durch zu Winston. Kurze Drehung. Langer Ball auf Tom. Tom hatte nur noch einen Gegenspieler vor sich. Mit einem Übersteiger überlistete er den letzten Mann des Gegners und sprintete allein auf den Torwart zu. Doch bevor er abziehen konnte, holte ihn der brasilianische Schlussmann von den Beinen.

Der Linienrichter riss die Fahne hoch. Der Schiedsrichter zögerte keine Sekunde. Elfmeter.

Nun hielt es keinen Zuschauer mehr auf seinem Sitz. Das Stadion kochte. Tom legte sich den Ball zurecht. Der gegnerische Tormann konzentriert sich, versuchte abzuschätzen, wie Tom seinen Schuss platzieren würde.

Tom lief an.

Im Stadion war es auf einmal mucksmäuschenstill. Zehntausende Blicke ruhten auf Tom.

Tom schoss. Die Kugel flog auf den rechten Winkel zu. Doch der brasilianische Tormann hatte richtig gepokert. Er erwischte den Ball und lenkte ihn zur Latte.

„Ach du Scheiße, ich habe einen Elfer versiebt." Für einen kurzen Moment spürte Tom Panik in sich aufsteigen. Das bleierne Gefühl des Versagens lastete auf seinen Schultern. Dann kehrte sein Kampfgeist umso stärker zurück.

Der Ball prallte von der Latte ab. Flog zurück ins Feld. Tom reagierte blitzschnell. Bevor der Tormann sich aufgerappelt hatte und ein Abwehrspieler eingreifen konnte, zimmerte er den Ball unhaltbar ins linke untere Eck.

„Toooor. Toooor. Tooor."

3 : 2.

Tom rutschte auf Knien zur Eckfahne, dann ließ er sich mit dem Bauch auf den Rasen fallen.

„Wir führen", brüllte Salvatore. „Wir führen."

Das Stadion schmetterte jetzt: „T.O.M. Tom. T.O.M. Tom. T.O.M. Tom."

Was für ein großer Augenblick. Tom, Winston und Salvatore fassten sich an den Händen und liefen zum Mittelkreis.

„Das ist der coolste Kick unseres Lebens", sagte Salvatore. Danach brach das Spiel der Brasilianer vollkommen zusammen. Zwei Minuten vor Spielende hätte Tom sogar noch einen Hattrick schaffen können. Gemeinsam mit Bebeto stürmte er auf das gegnerische Tor zu. Nachdem Tom den letzten Verteidiger kalt wie eine Hundeschnauze ausgespielt hatte und es ihm ein Leichtes gewesen wäre, die Kugel an dem Schlussmann vorbei ins Tor zu schieben, legte er für den völlig perplexen Bebeto auf. Der freute sich und semmelte die Kugel ins rechte Eck.

4 : 2.

Dem Brasilianer taten seine Landsleute fast schon leid.

„Beim nächsten Mal müssen sie eben mich nominieren, wenn sie gewinnen wollen", dachte er nicht ohne Schadenfreude.

Dann ertönte der Schlusspfiff.

Der Jubel kannte keine Grenzen. Die Fans stürmten von den Rängen. Die Spieler wurden gedrückt, umarmt. Selbst Julian kam auf Tom zu.

„Gar nicht so schlecht, Sportsfreund", sagte er. „Gar nicht so schlecht."

Dann wurde Tom von seiner Mannschaft gepackt. Sie warfen ihn hoch. Alle jubelten. Sie hatten den amtierenden Weltmeister geschlagen. Und Tom hatte die entscheidenden zwei Tore gemacht.

„Den Tag wirst du nie vergessen, was Tom?" Johann nahm seinen Schützling in die Arme.

„Nein, es ist der schönste Tag meines Lebens."

Das Mainzer Stadion war eine einzige große Party.

Irgendwann feierten auch die unterlegenen Brasilianer mit. Die Stimmung war einfach zu schön.

Später, als die meisten gegangen waren, schlich sich der Ball noch einmal mitten unter die Kinder.

„Hey, schaut mal hierher, er leuchtet wieder", freute sich Winston.

Alle versammelten sich um den Ball.

„Dir haben wir das alles zu verdanken", sagte Salvatore fast schon feierlich.

Der Ball leuchtete nach und nach in den Nationalfarben aller Länder, die er besucht hatte. In Gelb-Grün für die Brasilianer, in Schwarz-Rot-Gold für die Deutschen, in Grün-Weiß-Rot für die Italiener, in Rot-Weiß-Blau für die Amerikaner, in Blau-Rot für die Koreaner, in Schwarz-Rot-Grün für Malawi, in Weiß-Rot für England, in Rot-Weiß für die Schweiz und schließlich in Blau-Gelb für Schweden.

Dann erschien in allen Sprachen Adieu.

„Ach schade, du musst weiter", sagte Johann.

„Aber wir alle wissen ja, dass man dich nicht aufhalten kann", ergänzte Tom.

Sie nahmen den Ball zum Abschied noch einmal in die Mitte und hoben ihn hoch wie einen Pokal. Alle Hände berührten das alte Leder. Jeder spürte die Energie, die von ihm ausging. Niemand würde die wundersame Kugel je vergessen.

In diesem Moment schoben sich ein paar Wolken vor die Abendsonne. Auf dem Ball wurden feine Linien sichtbar. Zum letzten Mal wandelten sie sich zu Buchstaben. Zum letzten Mal schimmerte eine Botschaft auf. Jedes Wort war messerscharf zu erkennen. Wieder schien der Ball in allen Sprachen zu sprechen.

„Ich bin euer Freund", stand da. Und: „Jeder Ball ist euer Freund."

Alle schwiegen. Niemand wollte die Magie dieses Augenblicks stören. Nur Salvatore platzte mal wieder wie gewohnt dazwischen.

„Na super, wenn jeder Ball ein Freund ist. Dann hatte der brasilianische Torwart heute verdammt oft Besuch von Freunden in seiner Hütte. So oft, wie der den Ball aus dem Netz fischen musste."

„Ach Salvatore", sagte Tom und drückte seinen Freund an sich. „Du hast wahrscheinlich schon die Säuglingsschwester niedergebabbelt."

Alle mussten lachen. Dann blickten sie zu dem Ball, der jetzt wieder ganz normal aussah.

„Ich weiß, was wir machen", sagte Anna. „Wir werfen ihn alle zusammen in die Luft. So was Ähnliches hat schon in Schweden geklappt."

Sekunden später machte der Ball, vom Schwung aller Kinder getragen, einen riesigen Sprung in die Höhe. Sein Flug schien ewig zu dauern. Dann schlug er am anderen Ende des Stadions auf.

Dort hüpfte er noch einen Moment fröhlich herum. Und rollte davon. In wenigen Sekunden war er durch einen der Ausgänge verschwunden.

„Jetzt ist er weg", sagte Tom. Und alle schauten noch einen Augenblick auf die Stelle, an der er das Stadion verlassen hatte, als würden sie auf seine Wiederkehr hoffen. Aber er kam nicht zurück.

Vielleicht würde er schon bald andere Kinder besuchen. Kinder, die einen Freund brauchten.

Und vielleicht kommt er sogar eines Tages bei dir vorbei.
Bei dir, der du gerade die letzten Zeilen dieser unglaublichen Ge-
schichte liest.
Mit diesem Ball muss man immer rechnen.
An jedem Ort.
Jederzeit.

Danksagung

Die Autoren danken besonders Jürgen Klopp, der das Buch engagiert begleitet und nachhaltig inspiriert hat.

Dr. Theo Zwanziger, von dem der eigentliche Anstoß für dieses Projekt stammt.

Frank Zwanziger dafür, dass er immer an das Buch geglaubt hat (auch wenn wir den Hund tatsächlich sterben ließen).

Marc Klopp danken wir für die Fairplay-Szene im Endspiel.

Thomas Veit, Silke Hermann, Willi und Käthi Brück für ihr unermüdliches Gegenlesen.

Pete Krawietz danken wir, dass er uns mit seinem Fußballsachverstand unterstützt hat.

Dennis Klempt dafür, dass er so viel gute Laune versprüht hat.

Ein herzlicher Dank geht auch an unseren Agenten Michael Neher, ohne den das Buch nicht so schnell erschienen wäre.

Unbedingt und ganz besonders gilt unser Dank dir, weil du unserem Zauberball um die ganze Welt gefolgt bist.

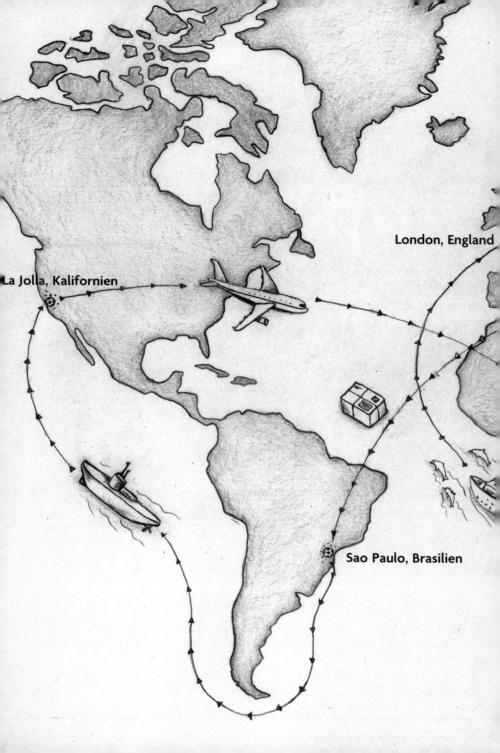

London, England

La Jolla, Kalifornien

Sao Paulo, Brasilien

Hammerö, Schweden

Mainz, Deutschland

Bern, Schweiz

Agrigento, Sizilien

Seoul, Südkorea

Chilumba, Malawi